知っておきたい「食」の日本史

宮崎正勝

角川文庫
15854

知っておきたい「食」の日本史

目次

第三章 「食」のルネサンス、室町時代

第四章 ポルトガルとオランダが運んだ「食」

はじめに

人間に個性があるように、文明や文化にも個性がある。歴史は、ある面ではわたしたちがよって立つ文明や文化の個性調べといえる。

文明、文化は「組み替え」により姿を変えるが、稲作を軸とする循環型の日本の文明、文化では、ついつい「組み替え」の効用が忘れられがちになる。それもひとつの個性であるが、個性がプラスになる時代もマイナスになる時代もある。

現在のような地球規模の政治と経済の大変動期には、衆知を集めた多様な「組み替え」がなされなければならないが、日本では歴史認識を踏まえた「組み替え」の絶対量が足りていないように思われる。

蒸し暑い日の昼時に、友人と渋谷駅前のウナギ屋に入った。関東風の蒲焼《かばや》きと関西風の蒲焼きではウナギの割き方が違うのは関東と関西の料理の伝統が違うのだとか、漁が不安定だった江戸初期に「江戸前」といわれたのはウナギだったなどというたわいのないことを話したが、会話は思わぬ方向に転じ、もしかしたら現在の日本の閉塞《へいそく》状態は明治維新以後の「組み替え」の質に起因するのかもしれないということになった。

そのときにわたしは、「食」をテーマにしてテレビの雑学番組をみるような気楽な雰囲気で読める日本史の本を書いてみようと考えた。平凡な日常のなかから、新しい発想が生まれる。肩のこらない「ヘエ」を連発しているうちに、文明、文化のエネルギー源となる「組み替え」の素晴らしさに気づくことにならないかという発想である。

わたしは以前に、食卓を「小さな大劇場」になぞらえて『知っておきたい「食」の世界史』という本を書いてみた。日常の場から世界史をとらえる試みである。

今回の『知っておきたい「食」の日本史』は、リセット、リセットで書かれる「覚える」歴史ではなく「ヘエ」を連ねた「組み替え」の歴史をめざしている。それは、プロセスを「考える」歴史であり、「覚える」歴史ではない。気楽に読める歴史である。「組み替え」は生活を楽しくする視点であり、オタクを専門家に変える。考えてみれば、モノだけではなく人間関係も人生も、システムも地域も組織も、「組み替え」の対象になる。「組み替え」の発想のある日常生活は、前向きの姿勢を育てる。「ヘエ」にも、「ヘエーッ」というような効用があるのである。

第一章　古代からの豊かな「食」

I　自然に恵まれた「旬」の食材

日本列島はウエット・ランド

「食」にも、世相が反映される。今日ではグローバリゼーションが進むなかでコールド・チェーンが地球規模に広がって食卓に世界各地の食材が続々と登場し、大都会では世界中の料理が簡単に食べられるようになった。しかも、わが国にはそれぞれの地方に食材と料理の豊かな体系がのこされている。ある意味で日本は、重層的な食文化の宝庫なのである。わたしたちは、日本列島の伝統的な食材と料理、世界各地からもたらされた食材と料理をともに味わえるという幸せに恵まれているのである。

まわりを海に囲まれた湿潤な気候と多彩な地形・植生をもつ日本列島の自然環境は、世界史的にみて強い個性をもっている。一万年前に氷河期が終わり温暖化が急速に進むなかで、ユーラシアの大乾燥地帯（ドライ・ランド）の大河の流域から文明がはじまった。自然環境が悪化したことにより、乾燥に強いムギやアワ、ヒエにたよる農耕社会が誕生したのである。

ところが日本列島では、海水面の上昇により大陸から列島が切り離されただけで、湿潤な自然環境はそのまま保たれた。大型の草食動物が姿を消し、針葉樹林が縮小して広葉樹林が広がったものの、水に困らない自然環境が維持されたのである。ドライ・ランドから新たな世界史が出発するなかで、日本列島はウェット・ランドであり続けたのである。

　そのために列島で生活する人びとは、乾燥化による危機を体験することがなかった。日本人にとっての自然とは、めぐりくる穏やかな四季のくりかえしだった。苛《か》烈《れつ》な自然環境がエンジンとなって文明の形成が進むなかで、日本列島では、一万年にわたり縄文文化という狩猟・採集文化が生命を保ちつづけたのである。

　日本の食は、自然の循環がもたらす多彩な「旬」の食材が基になっている。かつては、狩猟・採集による社会を農耕社会よりも一段劣る社会とみなす歴史観が一般的であったが、両者は異質な社会であり、同一のモノサシで序列化することはできない。狩猟・採集による社会が一万年も続いたということは、豊かな自然環境が持続したということなのである。

並立する小文化圏と旬の食材

　地図で確認してみると、日本列島は北緯二五度の沖縄から北緯四五度の北海道まで南北に連なる長い列島である。しかも地形が複雑であり、高い山並み、急峻《きゅうしゅん》な河川、複雑な海岸線により、独自性をもつ多くの小さな文化圏（小世界）に分けられている。日本列島は、多くの小世界の寄せ集めなのである。それぞれの小世界の料理の違いをみれば一目瞭然《いちもくりょうぜん》だが、日本列島は多文化社会とみなすことができる。

大ざっぱに日本列島の自然を分けてみると、九州から中部・関東の低地帯のカシ帯と、中部・関東の山岳帯から北海道のブナ帯に分けられる。前者はのちにイネが伝えられると低地に豊かな水田がつくられて「瑞穂《みずほ》（みずみずしい稲穂）の国」となった。後者は必ずしもイネの栽培には適していなかったために、長いあいだ畑作が続いた。また、海や川に近い地域では魚の、山地ではイノシシやシカなどの動物の捕食が行われた。東西と高低の組み合わせにより、日本列島には複雑な「食」の世界ができあがったのである。

縄文時代の食材については、住居跡や貝塚にのこされた遺物から推測することができる。貝塚は当時食用にした動植物の不要部分、必要がなくなった道具などを捨てた場であるとともに、その再生を祈る場でもあった。縄文時代の貝塚は、全国に一六〇〇か所以上がのこされている。最大の貝塚として有名な千葉県の姥山《うばやま》貝塚は、一万三〇〇〇平方メートルにもおよぶ大規模なものである。

貝塚の調査から明らかになる動物性の食材は、ウサギ、モグラ、ネズミ、タヌキ、キツネなど六〇種類におよぶが、もっとも多いのはシカとイノシシであり、北海道ではエゾシカだった。日本の古語で「肉」のことを「シシ」と呼ぶが、シカは鹿《か》の肉《しし》の意味であり、イノシシと区別するために「カノシシ」と呼ばれることもあった。イノシシは猪《い》の肉《しし》の意味であるとされる。アイヌの伝承でもエゾシカとサケはカムイが天から骨を撒《ま》いて繁殖させたと説明されて、ほかの食材とは明確に区別されていた。

シカは肉量が豊富で柔らかく、消化がよかった。生血は乾燥させて、強壮剤として用いられた。畑に出没するイノシシは、長期間にわたり日本列島の重要なタンパク源だった。

仏教が伝来して獣肉が忌避された時代でも、脂肪分が豊富なイノシシは「ヤマクジラ」と呼ばれて民衆のあいだで食べ続けられる。ちなみに縄文時代に好んで食べられたのは、肉よりもむしろ内臓や髄などで、塩分とミネラルを補充するのに役立てられた。キジ、ハト、カラスなど一〇数種類の鳥も食べられている。

周辺を暖流と寒流が流れる日本列島では、漁業もさかんだった。内湾性の漁業、河川漁業がさかんに行われ、仙台湾や北海道などでは外洋性の漁業もなされていた。そうしたことからコイ、フナ、サケ、イワシ、カツオ、マグロなどの四〇数種類の魚、タニシ、シジミ、アサリ、ハマグリ、カキ、サザエなど三〇〇種類の貝、エビ、カニ、ウニなどが食材とされた。貝ではハマグリがもっとも多く食べられた。発掘されたサザエの殻には多くの穴があけられており、石器で穴をあけて食べたと推測されている。瀬戸内海沿岸で行われたタコの捕食には東南アジアの海洋文化の影響もあり、フグなどの毒性をもつ魚も食べられていた。

植物では、オニグルミ、クリ、シイ、コナラ（カシ）、トチノキなどの木の実、モモ、アケビ、サンショ、タラノキの実などが食べられた。トチの実やドングリは、救荒食物として農耕化したあとも食べ続けられた。現在でも地方によっては、「餅《もち》」「大福」などとして食べられている。

五五〇〇年前から一五〇〇年間も続いた集落跡である青森の三内丸山《さんないまるやま》遺跡では、クリの木が選択されて栽培された。クリは渋皮を取って生のまま食べても、焼いて食べても美味であり、乾燥すると甘みが増す。俗に「桃栗三年」という諺《ことわざ》があるように、成長と結実が早く、栽培も容易だった。奈良時代になっても国司によるクリの木の見まわりがなされており、長い間、貴重な食材とみなされていたことが理解される。

トチやドングリのような木の実は、石棒《いしぼう》と石皿《いしざら》ですり潰《つぶ》してデンプンを食用にした。アクが強いトチの実やカシ類のドングリは乾燥させ、一〇日ほど水に浸けて皮を剝《む》き、その後二〇日間水に浸けたあと、同量の木灰を加えてアクを抜く作業ののちはじめて食べることができた。アクは水溶性のタンニンなので、水にさらせば抜くことができたのである。

九州南部や南島では、縄文中期（五〇〇〇−四〇〇〇年前）からタロイモの一種でミャンマーやインドのアッサム地方を起源とするサトイモが主食になった。熱帯性のイモであるにもかかわらずサトイモは寒さに強く、土質に関係なく栽培できたことから広い地域に栽培が広がった。サトイモは親イモのまわりに多くの子イモがつくことから、やがて子孫繁栄のめでたい食材とみなされるようになった。元旦には、サトイモだけを食べる地域もある。

囲炉裏と鍋の原型

縄文人は台地に竪穴《たてあな》住居を建て、集落ごとに自給自足の生活を送った。地面を一メートル程度掘り下げて木で骨組みをつくり、カヤなどで屋根を葺《ふ》くのが竪穴住居である。竪穴住居の中央部には直径が三〇センチから一メートルの炉が設けられ、調理、暖房、明かりとりに使われた。食物は「生」ではなく、主に火を通したあとに食べられたらしい。

火はヒノキのような発火性の強い木の板を硬い棒で強く摩擦し、火が出たときに素早く枯れ草などに移す摩擦発火法によりつくられたと推測されている。竪穴住居の炉は、現在でも山村部などにのこる囲炉裏《いろり》の原型と考えられている。

一万二〇〇〇年前に出現した最古の縄文土器は円形丸底の鉢であるが、この鉢はトチの実、ドングリなどを煮たり、アクを抜いたりするために使われた。こうした炊事用の土器が、日本の鍋の原型である。

2　コメ文化のはじまり

『日本書紀』が語る「国」と「海」と「山」

先史時代の日本の歴史の特色は、東日本に狩猟・採集社会の中心があり、朝鮮半島からの波状的な農耕民の移住により西日本からコメ社会が膨張していったことにある。異質な食文化の交流の歴史である。狩猟・採集社会は生活が自然環境により左右され、海幸《うみさち》・山幸《やまさち》の話が物語るように、山と海では食材がまったく違っていた。そこに湿地帯への農耕民の移住がなされたのである。日本の美称が「豊葦原《とよあしはら》の瑞穂《みずほ》の国」であるように、イネを栽培する社会が列島の中心に座ることになっていく。

『日本書紀《にほんしょき》』（七二〇）には「食」を司《つかさど》る保食神《うけもちのかみ》の話が登場する。話の大略は、次のようである。

天照大神《あまてらすおおみかみ》の命を受けて、月夜見尊《つくよみのみこと》が葦原中国《あしはらのなかつくに》にいる保食神に会いにいく。保食神は「国」のほうを向いて「飯《いい》」、「海」のほうを向いて「鰭《はた》の広《ひろもの》・鰭の狭《さもの》」、「山」のほうを向いて「毛の麁《あらもの》・毛の柔《にこもの》」を口から出してもてなした。月夜見尊は、てっきり口から吐き出された汚らわしいものでもてなされたにちがいないと思い込んで保食神を切り殺し、高天之原《たかまのはら》に帰ってしまう。

知らせを聞いた天照大神が天熊人《あまのくまひと》を派遣して調べさせると、保食神の死体の頭からウシとウマ、額からアワ、眉《まゆ》からカイコ、目からヒエ、腹からイネ、陰部からムギとダイズとアズキが生じていた。天熊人がそれらを持ち帰ると天照大神はたいへんに喜び、それを人民（蒼生《あおひとぐさ》）の食べ物とした。

この神話では日本列島を、飯つまり穀物を栽培する「国」を中心にして、大小の魚をとる漁労の「海」、大小の獣をとる狩猟の「山」に分けている。農耕社会が、従来の漁労・狩猟社会のうえに乗っかったことがイメージされる。

エジプト、メソポタミアなどの大乾燥地帯に誕生した四大文明は砂漠のなかの文明で、穀物はたくさんあったものの自然界の多様な食材には恵まれなかった。それに対して日本列島では狩猟・採集社会が持続し、「海」と「山」の旬の食材がコメの文化と共存しつづけるのである。

日本列島に上陸した水田耕作

前五世紀頃、朝鮮半島に近い北九州で稲作がはじまった。佐賀県菜畑《なばたけ》遺跡、福岡県板《いた》付《づけ》遺跡がそれを物語る。稲作は、その後約一〇〇年のあいだに瀬戸内海沿岸から近畿一帯、さらに濃尾平野《のうび》を経て関東地方にまで伝播《でんぱ》した。大陸からのかなり大規模な移住がなされたのでなければ、この稲作の伝播の速さは説明できない。

しかし、関東以東では狩猟・採集社会が強く根づいていたため、伝播のスピードは急に落ちた。沖縄でも縄文文化が長期間持続している。西日本から稲作が伝播し、金属器が普及した前四世紀から後三世紀にかけての時期を弥生《やよい》時代という。

日本列島では、移住した人びとの出身地が異なったこともあり複数の文化圏が共存することになった。それは地方により異なる祭器が使われていたことから理解される。銅《どう》鐸《たく》（近畿地方中心）、平型銅剣（瀬戸内海中部中心）、銅矛《どうほこ》・銅戈《どうか》（九州北部中心）の三文化圏である。

銅鐸は朝鮮半島の鈴に起源をもち、列島で大型化した。同様に銅剣・銅矛・銅戈も朝鮮半島から伝えられた青銅製の武器が、祭器として大型化したものだった。こうした青銅器は大量に製造されて祭祀《さいし》に用いられ、有力者の墳墓の副葬品ともなった。

佐賀県の吉野《よしの》ヶ里《がり》遺跡は、甲子園《こうしえん》球場に相当する規模をもつ弥生後期の最大の環濠《かんごう》集落である。集落は竪穴住宅のほかに、高床《たかゆか》式倉庫、巨大な物見櫓《ものみやぐら》などを備え、二重の濠で囲まれ、内濠の外側には濠を掘った土を積み上げた防壁、柵《さく》がつくられていた。

そうした厳重な防御施設から、弥生後期の集落間の激しい戦いの日常化が理解される。

熱帯ジャポニカから温帯ジャポニカへ

日本列島の主な穀物は、日本が「豊葦原の瑞穂の国」と称されるようにコメだった。日本の文化はコメづくりの文化といっても、けっして過言ではない。しかしなにせ文献のない時代のことであり、どのような経路をたどり、どのような順序でどのような種類のコメが日本列島にもち込まれたのかは謎である。伊勢の稲降神社や奄美《あまみ》大島ではツルが稲穂をくわえてきたとされ、奥州では天竺《てんじく》（インド）か唐土《もろこし》（中国）からひそかに稲が持ち帰られたとされている。

コメの伝播の経路については、中国浙江《せっこう》省の河姆渡《かぼと》遺跡から直接日本にもち込まれたとする説、朝鮮半島経由説、複数経路説などがあるが、いまだに解明されていない。ただ、朝鮮半島の西南部の欣岩里《きんがんり》遺跡、松菊里《しょうきくり》遺跡からジャポニカ種の炭化米や北九州で使われたのと同系統の石包丁、石斧《せきふ》が発掘されていることが注目される。当然、耕作技術をもった人びとの移住があったわけだが、当時の航海技術の稚拙さを考えると島づたいの伝来と考えるのが妥当なように思われる。

現在は、五〇〇〇年前から四〇〇〇年前の縄文後期に属する岡山県総社《そうじゃ》市の南溝手《みなみみぞて》遺跡や三〇〇〇年前の北九州の縄文晩期遺跡により、湿地または焼畑で熱帯ジャポニカが栽培されていたことが明らかにされている。

わたしたちがいま食べているのは水田でつくられる温帯ジャポニカであるが、その最古の水田遺跡は、約二五〇〇年前の佐賀県唐津《からつ》市の菜畑遺跡である。栽培がむずかしい水田耕作によりつくられるコメは貴重であり、献上用の穀物として栽培が普及したと思われる。水田耕作は北へ北へと伝えられ、二〇〇〇年前には青森県にまでいたった。青森県田舎館《いなかだて》村の垂柳《たれやなぎ》遺跡がそれを証明している。

3　粥と赤飯と鮨

汁粥と固粥

弥生時代になると刈り入れられたコメは貯蔵穴に貯《たくわ》えられ、その後高床式の倉庫に貯蔵された。佐賀県の弥生時代後期の吉野ヶ里遺跡には約二八平方メートルの床面積をもつ大型の高床式倉庫が発見されている。コメは臼《うす》と杵《きね》を使って脱穀され、粥《かゆ》のように煮炊きして食べられた。のちに水の量が調整されて、水気が多い「汁粥《しるかゆ》」、少ない「固粥《かたかゆ》」に調理法が分かれていく。現在の「ご飯」は後者であり、前者は「お粥」になる。

ちなみに現在のようなコメを炊き蒸らす調理法は平安時代に確立され、コメを常食として食べるようになった室町時代に普及したとされている。

コメが入る以前に、日本列島にはアワやヒエなどの雑穀が伝来していた。庶民は栽培に手間がかかるコメを口にすることができず、ヒエやアワなどに山菜や菜っ葉を混ぜ込んで煮る「糅飯《かてめし》」を常食にしていたという。

最初にコメの「粥」が普及した理由は、コメ以前に黄河《こうが》流域の乾燥地帯から入ってきた雑穀のアワの粒がきわめて小さかったためであった。寒さや恐ろしさで毛穴が縮み、肌にブツブツが生じることを「肌に粟を生ずる」というのは、粟粒が、固く小さかったイメージと重なる。アワは、「粥」にしなければ食べられなかったのである。

「粥」から「めし」への華麗な変身

弥生時代のコメは、水を加えて土器で煮た「粥」あるいは「雑炊《ぞうすい》」として食べられた。雑草や雑穀を加えた粥（コメに多めの水を加えて柔らかに炊いたもので、いうなれば雑炊）が一般的だったようである。

現在でも、一月七日に無病息災を願って、粥にセリ、ナズナなどの「春の七草」を加える「七草粥」が食べられるのは、その名残りとみなされる。「粥」という調理法は、日本のほか、中国、朝鮮、タイ、インドネシアにみられるが、中国、韓国には現在でも粥の専門店があり、ホテルの朝食にも肉や海の幸などを加えた多様な粥が出されている。

コメを蒸して食べるには、甑《こしき》（現在の蒸籠《せいろう》）という道具が必要になった。しかし甑が日本列島に伝えられるのは、古墳時代のことである。甑は、後漢・晋の頃、遊牧民の黄河中流の占拠（「五胡《ごこ》の侵入」）で生じた大量の難民移住の波が広がるなかでもたらされたのであろうと考えられている。日本列島から眺めてみると、四世紀の東アジアの民族移動の余波が新しいコメの調理法をもたらしたことになる。

蒸したコメは、「飯《いい》」と呼ばれた。当時は赤米という「糯米《もちごめ》」が主に食べられていたので、「飯」は現在の「おこわ」（強飯《こわいい》の敬称）ということになる。現在でも、ハレの日にはもち米にアズキを加えて赤飯をつくるが、それは赤米を蒸して食べていた時代の名残りといえる。

「粥」や「飯」に代わるものとして現在の「めし」が登場するのは、平安時代末期のことである。「めし」が普及するには、粘り気が少なく、柔らかい「うるち米」の栽培が進み、鉄製の釜《かま》の出現が必要だった。

(1)煮る、(2)蒸す、(3)焼く、の三段階からなる「炊飯」の、最終の段階の「焼く」はかなりの高温が必要だったために従来の土器では調理がむずかしく、鉄釜が必要になったのである。

「めし」は、従来の「粥」（汁粥）より固かったために「固粥」と呼ばれ、それまでの「飯」（強飯あるいはおこわ）と比べると柔らかだったことから、「姫飯《ひめいい》」とも呼ばれた。

「めし」が民間に普及するのは、本州全体に稲作が行きわたった鎌倉時代のあとの室町時代とされる。現在食べられているような「めし」が普及するのは、いまから五〇〇年から六〇〇年ぐらい前のことだったのである。

江戸時代になるとコメは重要さを増し、経済力を算定する単位になった。たとえば大名の禄高《ろくだか》なども、「石高」で示されている。「加賀《かが》百万石」といわれるがごときである。禄高百万石の大名がどれだけの経済力をもったのかというと、一人あたりの年間のコメの消費量が約一石なので、一〇〇万人の部下を養う力をもったということになる。

赤飯と餅のルーツ

アズキを混ぜた強飯の赤飯は、今日ではハレの食とされるが、面白いことに京都などでは、かつては凶事の際に悪霊を追い払う目的で赤飯が食べられ、吉事に白強飯を食べたという。江戸時代になると、喜びごとのある日にアズキを入れた赤飯を炊いて祝う風習が一般化する。祝いごとがあるとアズキともち米でおこわを炊く同様の風習は韓国にもある。

ちなみにアズキはインド原産の作物だが、弥生時代初期から栽培されている。静岡の登呂《とろ》遺跡から出土する唯一の豆類でもある。古代人はアズキの赤い色に呪力《じゅりょく》を感じ、ヘビに咬《か》まれたときなどにアズキを生のまま噛《か》んで傷口に塗ると解毒《げどく》作用があると説かれたりした。アズキに秘められたパワーが魔除《まよ》けになり、人間の生命力を強めるとして、強飯にアズキを混ぜたのである。

当時のコメは、ほとんどが糯米だった。古代人は狩りに出かける際の携帯食として、糯米を蒸して固くしたものを持参したという。古代の弁当である。それは持って歩く飯の意味で「持ち飯《いい》」と呼ばれ、のちに「飯」の語が除かれ、上に「お」をつけてオモチになったとされる。

「餅」という漢字は、本来はコムギ粉をこねて蒸したり油で炒《いた》めた食品を指すが、似た感じをもつものとして日本ではこの漢字があてられた。本来餅は日本固有のもので、外国にはみられない食品である。

コメを使った保存食品──鮨

日本を代表する料理のうちで、もっとも種類の多いのが鮨《すし》である。鮨は、「酸し」(酸っぱい)の意味で、もともとは「めし」を加えず、魚、肉、貝を塩漬けにして圧力を加え、熟成させて自然に酸味を出した食品だった。保存が目的とされたのである。『延喜式《えんぎしき》』(九二七年)には各国が鮨を税として納める規定があり、伊勢の鯛鮨《たいずし》、近江《おうみ》・筑紫《つくし》の鮒鮨《ふなずし》、若狭《わかさ》のアワビの甘鮨《あまずし》、讃岐《さぬき》の鯖鮨《さばずし》などが朝廷に献上された。この鮨は、魚や肉を塩と炊いた飯のあいだに浸《つ》けて「めし」を乳酸発酵させ、魚や肉が白く酸味を帯びたものを食べる熟鮨《なれずし》を指す。いずれも肉や魚を保存することが目的であり、コメは食べずに肉や魚だけを食べた。

現存する近江の鮒鮨の製法は、フナを数十日のあいだ塩漬けにして塩抜きしたのち、桶《おけ》にフナと米飯を交互に詰め、重しをして一、二年置いておくという簡単なものである。交通機関が未発達な古代において、生鮮食材を遠くまで輸送するには、長期保存に耐えるような工夫が必要になったのである。

室町時代の末になると、鮨の食べ方に変化が表れた。本来、熟鮨はコメが発酵してドロドロになってしまうためにその部分は食べられなかったが、そこまで発酵させずにコメに酸味が出たところで取り出し、コメを魚、貝とともに食べるようになったのである。そうした酸味を帯びたコメと魚、貝をともに食べる新しい鮨は、「生成《なまなれ》」と呼ばれた。正確には「生熟れ」である。現在の鮨、つまり「早鮨《はやずし》」はそうした「生熟れ」の系譜を引いた食品で、旧来の熟鮨を組み替えた調理法なのである。

ちなみにすしは漢字で「鮨」と書くが、それは中国では本来魚の塩辛を指しており、すしには「鮓」の字をあてていた。日本ではそうした二つの漢字が混同され、いつの間にかすしに本来は塩辛を意味する「鮨」の字があてられるようになったのである。

4 貴重だった塩

藻塩の出現

多くの肉、魚が食べられた狩猟・採集時代には、動物や魚が臓器に蓄積した塩化ナトリウムが摂取されたため、特別に塩を摂取する必要がなかった。ところが穀物を大量に食べるようになると、穀物や野菜に含まれるカリウムがナトリウムを体外に排出してしまうために、塩を摂取しなければならなくなった。動物や魚の内臓を好む習慣が姿を消し、もっぱら肉の部分を食べるようになるのは、塩を別にとるようになったことと関係がある。

ちなみに成人に必要な塩の量は年に五キロから七キロといわれる。大量に製造できない時代の塩は貴重であり、神棚に供えたり、神前に供える赤飯にゴマ塩をかけるなど、塩により神を喜ばせようとする風習が生まれた。

岩塩が乏しい日本列島では、もっぱら海水による製塩に依存した。縄文時代には、土器に海水を入れて煮詰める方法がとられていたが微量の塩しか得られず、弥生《やよい》時代になると薄くて幅の広いアマモ（藻塩草《もしおぐさ》）という乾きやすい海藻を使う「藻塩焼き」という方法がとられた。海藻に塩分を多く含ませ、それを焼いて水にとかし、そのうわずみを煮つめてつくる塩が「藻塩」である。

海藻を焼き、その灰を溶かして煮詰め、結晶化させることで塩をとったのである。宮城県塩竈《しおがま》市の鹽竈《しおがま》神社には塩のつくり方を広めたとされる伊奘諾尊《いざなぎのみこと》の子の塩土老翁《しおつちおじ》がまつられ、毎年藻塩焼きの神事が行われている。海藻を海水に入れて乾燥させ、桶の海水で繰り返し洗って濃い塩水をつくり、最後に土器で煮沸する方法が「藻塩焼き」である。

塩の製法は、平安時代になると塩田法に変化する。平安時代には桶で砂地の塩田に運んだ海水を天日で蒸発させたあと濾過《ろか》し、釜炊きにより塩を得る方法がとられた。

日本の歴史に大きな影響を与えた「塩の道」

塩の摂取が欠かせなくなると、内陸部で生活する人びとは塩を買わなければならなくなった。塩の商売は大きな利益が見込めたために、自然発生的に海から内陸の山間部に向かう「塩の道」がひらかれる。

複雑な地形により多数の小世界に分かれていた日本列島には、河川などを利用したり、海岸部から内陸部にウシや歩荷《ぼっか》で塩を運搬する「塩の道」が多数ひらかれた。生活必需品を運ぶための「塩の道」は、文化が行き交う道でもあり、多数の小世界の孤立性を打ち破る道でもあった。内陸部の集落が「塩の道」により海とつながったのである。大和《やまと》王権による集権体制の実現には、瀬戸内海などの海のルートとともに「塩の道」が大きな役割を果たしたと考えられている。

ちなみに「塩の道」としては、日本海沿岸の新潟の糸魚川《いといがわ》から長野の塩尻《しおじり》に向かう北塩ルート、太平洋沿岸の静岡の掛川《かけがわ》から塩尻に向かう南塩ルートが有名である。塩尻という地名は塩のルートの終着点の意味をもつ。

塩をめぐる逸話として有名なのが、戦国時代に越後《えちご》の上杉謙信《うえすぎけんしん》が甲斐《かい》の武田信玄《たけだしんげん》に塩を送った話である。駿河《するが》の今川氏真《いまがわうじざね》が相模《さがみ》の北条氏《ほうじょう》と手を結んで、甲斐と信濃への塩の輸送を禁止することで武田信玄の力を弱めようとしたときに、越後に勢力を張っていた上杉謙信が、命を支えるために必要な塩を断つのはなんとも卑怯《ひきょう》であるとして、ライバルの信玄に日本海側の塩を送ったという。「敵に塩を送る」という言葉は、その故事から生まれた。

5 トコロテンとサケとアユ

日本固有の夏の食材トコロテン

四方を海に囲まれた日本列島は、海草という特殊な食材に恵まれていた。トコロテンは、テングサという海の藻を利用した日本固有の暑さをしのぐための食品で、古い時代から愛好されてきた。最近はダイエット食品としても評価が高い。

トコロテンは漢字で「心太」と書いて「ココロフト」と呼ばれたが、それが訛《なま》って「ココロテ」となり、さらに転じて「トコロテン」になったとされる。ちなみに原料のテングサもトコロテングサが略された言葉とされている。和名の「コゴロモ」は、これを煮ると「にこごる」ことからきている。

奈良時代の最大のイベントは、聖武《しょうむ》天皇（位七二四―七四九）によってなされた奈良の大仏の建立と諸国での国分寺《こくぶんじ》の創建だった。天然痘《てんねんとう》の大流行を仏の力で鎮めようとしたのである。

聖武天皇は諸国の国分寺に頒布する経典の写経に多くの学生を従事させたが、『正倉院文書《しょうそういんもんじょ》』から写経にあたった学生に配った食品のなかに「心太」があったことがあきらかになる。トコロテンは、歴史の長い食品なのである。

トコロテンの原料のテングサについては、『延喜式』に「上総《かずさ》（現在の千葉県）より凝海藻《こるもは》（テングサの古称）、阿波《あわ》（現在の徳島県）より凝海藻を貢献す」とあり、かなり貴重な食材とみなされていたことがわかる。ちなみにテングサを乾燥させた寒天が製品化されるのは、江戸時代の天明《てんめい》年間（一七八一―八九）のことである。

弥生人のアユと縄文人のサケ

独特の香りと淡泊な味わいのアユは、古来たいへんに好まれた魚だった。アユは水中の珪藻《けいそう》を餌《えさ》とするために独特の香気があることから「香魚《こうぎょ》」と呼ばれ、また産卵後に死滅することから「年魚《ねんぎょ》」とも呼ばれた。多くの場合、アユは塩漬けにして保存された。日本列島に移住した弥生人はアユを貴重なタンパク源とみなし、北九州でも大和盆地でもアユは重宝がられた。そうしたこともあり、アユには「国栖魚《くずうお》」という呼び名がある。

山地の多い日本列島は川の列島であり、人びとの生活とアユは密接なかかわりをもった。串《くし》に刺して囲炉裏の側で乾燥させる火乾《ひぼ》しアユ、塩水で煮て火で干す煮乾《にぼ》しアユ、塩と飯で漬ける鮨アユ、内臓を塩辛にした「うるか」など、地方ごとにアユの調理法はじつに多彩である。

古くは、藤原京の跡から出土した木簡にもアユの名がみえる。各地方の名産地から都にアユが送られていたことがわかる。

熟鮨《なれずし》として諸国から献上された魚の代表格も、アユだった。奈良時代にはウミウを飼い慣らし、夏の夜に篝火《かがりび》を焚《た》いてアユをとらせる「鵜飼《うかい》」、冬には竹、または木を組んで網を引くかたちにして川の瀬に仕掛け、端に簀《す》を取りつけて魚をとる「網代《あじろ》」などによるアユ漁がすでに行われていたという。

「鮎」という字の起こりについては、神功《じんぐう》皇后が三韓《さんかん》征討の際に肥前松浦《ひぜんまつうら》の玉島《たましま》でアユを釣って戦勝を占ったという故事にもとづくという説がある。そうしたことから日本ではアユを漢字で「鮎」と書くが、中国では「鮎」はナマズの意味である。そのためにナマズをなんとかしなければならなくなり、「鯰」という日本固有の国字がつくられた。

東日本の縄文人にとっては、容易に捕獲できるサケが貴重なタンパク源だった。アイヌ文化ではサケとエゾシカは、カムイが天から骨をばらまいたことで広く繁殖するようになった特別の存在とみなされている。

太平洋岸では黒潮の影響もあってサケは「銚子《ちょうし》限り」といわれるように利根川《とねがわ》水系が南限であり、日本海側では北九州にまで分布した。ちなみに古代の日本には、海産物を主とする「旬」の食材を「贄《にえ》」として朝廷に献上するしきたりがあった。その海産物を献上する海部を統括するのが安曇連《あずみのむらじ》である。

サケは主に塩鮭《しおざけ》として進貢されたが、主に都に近い信濃、若狭、越前《えちぜん》、越後、丹波《たんば》、丹後《たんご》、但馬《たじま》などの日本海沿いの地域から進貢された。江戸時代まではとくに信濃川の水系が、サケ、マスの大量の遡上《そじょう》で有名だった。北アルプスの麓《ふもと》に、漁労民の安曇氏とかかわりが強い安曇野《あずみの》（松本盆地の別名）の地名があるのは、そのためである。

サケの名前の起こりは、アイヌ語で「夏の食べ物」を意味する「シャケンベ（サク・イペ）」に由来するという説、身が赤く酒に酔ったようであるからサカケ（酒）が訛ったなどの説がある。ちなみに漢字の「鮭」は「フグ」と読むのが本来である。

第二章　大陸からきた「食」の文化

I　遣唐使と「食」の文化

東アジア世界の激動

四世紀から七世紀にかけては、「五胡《ごこ》」と呼ばれる五つの遊牧民による黄河《こうが》中流域の占領、隋唐《ずいとう》帝国の出現が続く東アジアの激動期だった。

第一段階は、四世紀にはじまる。西晋《せいしん》時代に起きた八王の乱の際に「胡騎《こき》」として活躍した「五胡」と総称される遊牧民が、古代中国の中心地、黄河の中流域を占領する。五胡十六国時代（三一六―四三九）である。

混乱が続いて生活しづらくなった漢人は、江南《こうなん》や朝鮮半島に向けて大規模に移住し、その影響は、日本列島にもおよんだ。新しい農業技術、生活様式、騎馬技術の移入である。とくにウマと騎馬技術は各地の豪族の力関係の再編をうながし、大和王権の成立につながった。

中国では四二〇年に遊牧民を中心とする北朝と稲作を中心とする南朝に分かれるが、六世紀末に隋が南北を統一すると、大運河によって二つの異質な世界が統合され、三度におよぶ隋の高句麗《こうくり》遠征により朝鮮半島は動乱の時代に入った。東アジアにおける大帝国の成立が、朝鮮半島や日本列島に大きな影響をおよぼしたのである。

この時代には、遊牧民の進出にともなって遊牧民風の生活習慣、西方の仏教が東アジア世界にもち込まれ、広がった。古墳時代には、新文化を身につけた人びとの移住がなされ、六世紀中頃には朝鮮半島を経由して仏教が伝来。「食」を含む日本の文化に大きな変化が生じた。やがて一連の殺生、肉食を禁止する詔が発せられるようになる。

七世紀初頭に唐帝国が成立すると新羅《しらぎ》と結んで朝鮮半島進出をめざし、大和王権は朝鮮半島と強いかかわりをもたざるをえなくなった。高句麗と百済《くだら》が滅亡。大和王権は、滅亡した百済の亡命者をうけいれ、支配層のなかには調味料の醤《ジャン》などの新たな「食」文化が浸透した。伝統的な食文化と外部から移入された「食」文化の二重構造が生まれたのである。以後、長いスパンでの「食」の組み替えが進められる。

仏教は、日本列島の肉食文化を大きく後退させた。天武《てんむ》天皇（六七三—八六）は殺生禁断の詔を出して、ウシ、ウマ、サル、ニワトリの肉食を厳禁。以後、歴代天皇により「肉食禁止の詔」が繰り返された。中国では、仏教の殺生戒は一部の僧侶《そうりょ》、信徒の戒律であり一般の庶民にはおよばなかったが、日本では庶民にも強要されたところに大きな違いがあった。

そうしたなかで、奥州の砂金を用いて組織的に中国文明を移入するための遣唐使団の派遣がはじまり、新しい食材、料理の移入が進んだ。唐から伝来した「食」文化をとり入れた貴族の食事と伝統的な庶民の食事のあいだに大きな隔たりが生じていく。

遣唐使の唐土産と宮廷の「食」の変化

古代日本の一大イベントは、遣唐使の派遣だったが、それは同時に組織的・系統的に唐文化の移入をめざす試みでもあった。唐帝国が建国されてまもない六三〇年に第一回の派遣がなされ、八九四年に廃止されるまでの二六四年間に前後一九回の遣唐使団の派遣がなされた。ちなみに『日本書紀《にほんしょき》』では遣唐使が「西海使《にしのみちのつかい》」と記されている。

遣唐使団の規模は初期には二四五人だったが、後半の一一〇年間は五〇〇人前後に膨れあがった。しかし、その半数以上は、操船や船の修理にたずさわる者で、知識人は三〇人から四〇人。多くても五〇人から六〇人を超えることはなかったとされる。

遣唐使団は、大使、副使をはじめとする外交使節、操船と船の補修にたずさわる人員、通訳、陰陽師《おんようじ》、医師、画師、音楽長、音声生などのほかに学問僧と学生ならびにその従者から成り立っていた。

遣唐使団は、唐に入ると国書や貢物を献上。唐側も答信物を使節団に託し、使節の一行にもそれぞれ物資を与えた。一種の官営貿易だったのである。唐側が遣唐使団に与えたものは、絹織物や香薬が主だった。随員のなかには、唐の国法を犯して唐物を買い漁《あさ》る者も多かった。しかし、それは日本に持ち帰ると高価に売れる品物であり、食品などではなかったようである。留学僧や学生の留学期間もきわめて短く、阿倍仲麻呂《あべのなかまろ》などの例外を除くと一、二年が普通であり、五年を超えて滞在する者はごくまれであった。

そのために、日本に将来され普及した食材や料理法などはきわめて限定的だった。しかし多くの人びとが、ペルシア人、トルコ人などが混住する大唐の国際都市、長安《ちょうあん》での都会生活を体験し、モダンな「食」文化の雰囲気を日本の宮廷に持ち帰った。宮廷の「食」は、庶民の「食」と隔てられていく。

唐の「食」文化が多面的に移入されたことは、正倉院に保存されている銀器、ガラス器、カットグラスの碗《わん》、ペルシア風の漆胡瓶《しっこへい》、唐三彩《とうさんさい》の器などからうかがい知ることができる。金属製の箸《はし》も匙《さじ》とともに用いられるようになった。

2　モダンな箸の伝来

聖徳太子の時代にはじまる箸の使用

古代中国では箸と匙がセットで使われていたが、朝鮮半島でも新羅の頃から青銅製の箸と匙をセットで使うようになった。匙箸《スジョ》という言葉があるように、現在でも両者がセットで使われている。ちなみに韓国では、ご飯は匙で菜類は箸で食べるのが作法である。そうしたことから韓国では金属製の碗《わん》は手に持ってはならず、ご飯は匙を使って食べなければならないとされている。古代中国の主食がアワの粥《かゆ》であり、匙が主な食具になった時代の名残りである。長いあいだ中国の支配下にあったヴェトナムでもおかずは箸《ドウア》でとり、飯は箸や匙《ティア》で食べる。

三世紀に書かれた『魏志倭人伝《ぎしわじんでん》』には、倭人は手食するとあるので邪馬台国《やまたいこく》の卑弥呼《ひみこ》は箸を使っていなかったことになる。日本で箸が使われはじめるのは、七世紀はじめごろで、ほぼ聖徳太子《しょうとくたいし》の時代である。

平安時代の朝廷では箸台に銀の箸と匙、柳の箸と匙の二種類がのせられ、ごはんは柳の箸、ほかは銀の箸というような使い分けがなされた。もともとはモダンな食具として箸と匙がセットで入ってきたが、ご飯を食べるのに匙は使い勝手が悪く、二種類の箸を使い分けるようになったようである。日本の食卓では、しだいに匙が姿を消し、万能の食具として箸が幅をきかせるようになる。

しかし、『枕草子《まくらのそうし》』の障子を隔てて食事の様子を聞くくだりには、「箸、匙《かい》などとりまぜて鳴りたる、をかし」と記されているので、平安時代の貴族の食事ではまだ箸と匙がともに使われていたようであり、「鳴る」という記述から、箸と匙が金属製だったことがわかる。

室町時代には、調理用の箸として魚介類を扱う真魚《まな》箸、植物性の食材を扱う菜箸《さい》が区別され、客に食べ物を取り分ける取り箸、食事の際に使う御膳《ごぜん》箸というように、箸がさらに細かく分化した。箸だけを食具とする、日本の食卓のパターンが確立されたのである。生の食材が多い日本の料理、細かい作法を好む日本の文化が箸の多様化をもたらしたようである。

中国の箸は、大皿から料理を取り分ける必要からかなり長めにつくられており、頭部から先までがほぼ同じ太さのずん胴である。しかし、魚が主な食材になっている日本の箸は、先が細く削られており同じ太さではない。そうした独特のかたちの箸は、「切る」ことを基本とする料理に対応する日本固有の食具である。

箸文化のルーツ

黄河文明で主食とされたアワは熱い粥として食べられることが多く、匙が食具として不可欠だった。熱い粥はとても手で食べることができず、黄河文明では匙が主な食具にならざるをえなかったのである。

粉にして麺《めん》類の材料とされるコムギが西方世界から中国に伝えられるのは、漢代（前二〇二―後二二〇）になってからのことである。殷《いん》（前二〇〇〇年紀前半―前一一世紀）、周、春秋戦国、秦《しん》代の主食はアワとヒエであり、熱い粥がさかんに食べられたようである。二本の長い棒きれを使い、一本を固定し、もう一本を自由に動かして多様なモノをつかむ万能の食具、箸は、単純であるがゆえにかえって多様な使い方ができるという利点があり、朝鮮、日本、ヴェトナムに伝えられて東アジア文明圏共通の食具になった。箸文化圏は、中華文明圏、東アジア文明圏と同義である。

中国には前一一世紀に殷の紂王《ちゅうおう》が象牙《ぞうげ》の箸をつくったという話があり、箸がいまから三〇〇〇年以上前、つまり孔子《こうし》（前五五一頃—前四七九）が活躍するずっと以前から使われていたことがわかる。しかし、箸は、日常の食事からではなく宗教的儀式を通じて普及したように思われる。

殷は多種多様の青銅器の製造で知られるが、その大部分は祭器だった。器用に扱うのがむずかしい棒状の金属製の高価な箸をわざわざ使用した理由は、神への捧《ささ》げ物を汚さないように取り分けるためだったのであろう。そのように考えると箸は、宗教的な色彩がつよい神聖な食具だったことになる。

春秋時代の斉《せい》の名宰相、管仲《かんちゅう》（？—前六四五）が著した『管子《かんし》』が、飯は手に捧げ持って食べ、「羹《あつもの》」は直接手を使わずに箸や匙を用いると記していることから、箸が補助的な食具として使われたことがわかる。

漢代に入ると、王侯貴族のあいだでの箸の使用が一般化した。たとえば『史記』には、軍師の張良《ちょうりょう》（?―前一六八）が食事中に高祖（劉邦《りゅうほう》／位前二〇二―前一九五）の箸を借りて天下の情勢を説明したと記されている。また長沙《ちょうさ》の馬王堆《まおうたい》の前漢墓からは、朱漆で塗った立派な箸が出土している。

ちなみに中国では、現在の日本と同様に箸を食後に椀上に横に並べるのが礼儀だったが、中国に進出した騎馬遊牧民がナイフと同じように箸を椀上に縦に並べて置いたために、宋《そう》代（九六〇―一二七九）以降は縦にも並べられるようになった。明《みん》を創始した洪《こう》武帝《ぶてい》（位一三六八―九八）が箸を横向きに並べるのをたいへんに嫌ったことから、現在のように縦向きに並べることが食事の作法として定着したとされる。箸の並べ方が、日本と中国とでは横・縦で違うのである。ちなみに、ヴェトナムも中国と同じである。

3　醍醐味は遊牧民の味

唐から伝えられ、忘れ去られたバターとチーズ

日本に仏教文化が浸透するなかで肉食が禁止されると、タンパク源の確保が大問題になった。そうしたなかで、唐から「酥《そ》」「酪（楽）」「醍醐《だいご》」などの乳製品がもたらされることになる。いままで口にしたことのない乳製品は、日本の宮廷でも超モダンな食品として模倣され、一時期貴族のあいだに流行した。仏教の伝入により、食べることを禁止された獣肉に代わるタンパク源としての役割を担ったのである。

「すばらしい味わいの食物」のことを醍醐味《だいごみ》と表現することでもわかるように、唐の雰囲気を伝える乳製品は、かなりの評判を呼んだようである。

日本の古墳時代にあたる魏晋南北朝時代は、遊牧民の黄河流域への進出にともない、遊牧文化や西アジアの文化が中国に広まった時期だった。ヒツジの肉を食べる習慣、ヒツジ、ウシなどの乳を利用する習慣が一時的に中国社会に広まることになる。隋帝国も唐帝国もその延長上にある。仏教もそうした時代の波に乗って、中国、朝鮮半島、日本列島に普及したが、肉食、乳製品の利用という遊牧民の「食」文化は日本列島にまではおよばなかった。

遠来の仏教をまともに受容した日本の貴族層のあいだでは、動物の肉を食べることが忌避された。たとえば、六七五年に出された殺生禁令は、「ウシ、ウマ、イヌ、サル、ニワトリの宍《しし》(肉)を食うことなかれ」としている。その後、歴代の天皇により殺生禁止令、肉食禁止令が繰り返しだされている。

そうなると貴族たちは、新しいタンパク源に頼らざるをえなくなる。

そこで唐から遣唐使がもたらした乳製品がことのほか、珍重された。貴族のあいだで強壮剤としてもてはやされたのである。

六四〇年代には唐から乳を飲む習慣がもたらされた。八世紀初頭に編纂《へんさん》された『大宝令《たいほうりょう》』によると、宮中に乳牛院が設けられている。そこでは「酥」と呼ばれる食品がつくられ、薬として利用された。九〇〇年代中頃の『延喜式《えんぎしき》』は、朝廷が諸国に乳戸《にゅうこ》を置き、しぼった乳を煎《せん》じ詰めた「酥」を、一一月以前に献上させたと記している。また「牛乳一斗を煎じて酥一升を得」としていることから、牛乳を一〇分の一に圧縮して「酥」がつくられたことがわかる。

「酥」は牛乳が圧縮されたコンデンスミルク（練乳）のようなものであり、その脂肪分を集めた「酪」はバターのようなものと考えられる。また、「酪」から得られる「醍醐」はチーズにあたるとされている。美味の最上のものを形容する「醍醐味」は乳を精製して濃くした「醍醐の味」の意味であり、チーズの濃密な味が貴族たちにもてはやされたことがわかる。

仏教の経典の『涅槃経《ねはんぎょう》』は、「ウシの乳から生酥《せいそ》、生酥から熟酥《じゅくそ》、熟酥から醍醐を出す。醍醐は五味の最上である」と述べている。しかし、唐の先進文化に対する憧《あこが》れが弱まり、肉食の忌避が浸透すると、日本ではバター、チーズの味が忘れ去られていった。牛乳が日本人の体質に合わなかったのも、乳製品が廃れたひとつの理由であろう。現在では「飲みなれた」ことにより体質の改善がなされたが、かつては牛乳を飲むと下痢を起こす人が多くみられたのである。

4　納豆と団子とうどん

起源がよくわからない糸引き納豆

納豆《なっとう》は庶民のあいだに広く浸透した食材だが、その起源は明確ではない。もともと納豆は、アジアの稲作地帯では一般的な発酵食品なのである。納豆を大きく分類すると、コウジを使う塩辛納豆、寺納豆と、納豆菌を使う糸引き納豆の二種類に分けられる。

両者のうち中国から伝来した納豆が、塩辛納豆である。中国では塩辛納豆のことを豉《し》(訓読みにするとクキ)といい、康伯《こうはく》という人物が西域からもたらし、漢代以降つくられるようになったとする言い伝えがある。奈良時代の正倉院文書、『延喜式』などにも豉が登場する。豉は、甘くない甘納豆のようなものだったようである。しかし、どうもそれは遣唐使らのお土産だったらしく、どの程度つくられたのかは判然としない。

塩辛納豆が日本社会に定着するのは、鎌倉時代以後のことである。鎌倉時代になると中国の禅院で「点心」としてさかんに食べられた塩辛納豆が改めて日本にもたらされ、日本の「食」文化に組み込まれた。「納豆」という文字が最初に登場するのは、一一世紀中頃に藤原明衡《ふじわらのあきひら》が著した『新猿楽記《しんさるがくき》』とされる。塩辛納豆は、京都の天龍寺《てんりゅうじ》、大徳寺《だいとくじ》などの寺院でさかんにつくられた。

「納豆」という呼び名の起源についても、寺の納所《なっしょ》（寺院で施しものを納める所）に由来するとする説がある。明治時代に東京でつくられた甘納豆は、こうした塩辛納豆の組み替えである。塩辛納豆が関西に多いことも、納豆が禅僧が中国からもたらした移入食品であることを物語っている。

普通に納豆というと、「糸引き納豆」のことになる。糸引き納豆の起源については、後三年の役のとき、八幡太郎義家《はちまんたろうよしいえ》が奥州に出向く途中で、常陸《ひたち》（現在の茨城）に宿営したときにウマの餌《えさ》の藁《わら》の上に捨てられた煮たダイズが糸を引いて発酵しているのを発見したことにはじまるなどの伝承がある。しかし、実際のところはわからない。稲藁に付着している納豆菌が偶然に煮たダイズと結びつくことは普通に起こりうることであり、日常生活のなかでちょっとした発見がなされたのであろう。糸引き納豆は、生活の場から生み出された食品である。

コメと納豆の密接な関係

外国人に聞くと、納豆の匂いとヌルヌルとしたねばりが嫌だという意見が大半を占める。外国人にとって苦手な食品のようだが、日本人は逆に納豆のそうした食感を好む。食文化を支える「味覚」は、それぞれの食文化がたどった歴史や地理的環境と深いかかわりをもっているようである。

納豆は、もともと稲作と密接な関係をもつ発酵食品である。イネを刈りとったのちに稲藁がのこされるが、それにたくさん付着している納豆菌をたくみに利用することで納豆はつくられた。ダイズを煮て稲藁の中に入れておくと、納豆菌の働きで簡単に納豆ができるのである。つまり、納豆は稲作の副産物なのである。

納豆菌が大豆タンパクを分解する過程で、うま味のもとになるグルタミン酸を多く含むアミノ酸がつくり出され、ビタミンB_2が原料のダイズの三倍から四倍に増えるために、納豆は美味《おい》しく、栄養分に富む食物になる。納豆固有の匂いは、ココア豆と共通するテトラメチルピラジンだが、醬油《しょうゆ》や漬け物の匂いと共通するために日本人には違和感がなく、こよなく納豆が愛される理由にもなっている。

食感からしても、日本で食べられるジャポニカ種のコメは柔らかく、粘りがあり、湿って粘りがある納豆と多くの共通点をもっている。

仏教が伝来して以降肉食が禁止されて、動物タンパクをとることができなくなってしまった日本では、納豆が豆腐とともにタンパク源として、長いあいだ人びとの生活を支えてきたのである。

味噌《みそ》をつくるときには「煮たダイズ」を稲藁でつくった筵《むしろ》の上に広げ、稲藁をかけて発酵させるが、その際に温度が低いと味噌の原料のコウジができ、温度が高すぎると「納豆」になるという。そのために、江戸時代には味噌と「失敗作として誕生した納豆」を組み合わせた汁物がさかんに飲まれることになったとされる。そのように考えると、味噌文化がダイズと納豆菌の結びつきをとりもったとも、味噌を仲人として納豆がご飯に結びついたともいえる。

小泉武夫《こいずみたけお》氏によると、中国雲南《うんなん》のシーサンパンナ（西双版納）地方の一部では「豆司《とうす》」という半発酵の納豆が食べられており、メコン川流域のミャンマーのシャン族なども納豆をつくっているという。もちろん、その地の食文化がベースになっているので、日本のようには食べられず、油で揚げたり、魚と炒《いた》めるということである。

雲南地方は、稲作の発祥の地と考えられているので、納豆は稲作とともにきわめて古い時代にはじまり、コメとともに各地に広まったとみなすこともできる。

東南アジアから西日本に広がる照葉樹林地帯を、糸引き納豆が長い年月をかけて、コメ文化とともに伝播《でんぱ》したのではないかという推測も成り立つ。

団子は古代のモダン食品

唐からは、遣唐使団のお土産として持ち帰ることのできるコムギ粉を使った加工菓子が多くもたらされた。平安時代前期まで、八種類の唐菓子《からがし》、一四種類の果餅《かへい》（モチ類の菓子）がもたらされている。日本の旧来の菓子は、「くゎし」であり木の実を乾燥させたものを指したが、それとは異なるコムギ粉を使った「かし」が唐から新来したのである。

漢字で書くと「くゎし」と「かし」はともに「菓子」になり区別できないが、唐菓子が新たに加わったのである。当時の唐菓子には、大豆餅《だいず》、小豆餅《あずき》、コムギ粉を練り固めてゴマ油で煎《い》った煎餅《せんべい》、コメやムギの粉を蜜《みつ》や飴《あめ》に混ぜて固めた環餅《まがり》、胡麻《ごま》餅、いまのそうめんの原型である索餅《さくへい》などがあった。そうしたなかでとくに注目されるのが団子（団喜《だんき》）である。

現在では、「団子」と「餅」の違いがきわめて曖昧《あいまい》になっている。しかし国語辞典を引いてみると、団子は「穀類の粉をこねて丸め、蒸したり、ゆでたりした食品」とあり、餅は「糯米《もちごめ》を蒸して、臼《うす》で十分粘り気が出るまでつき、丸めたり平たくしたりして食べる物」とあって明確に区別されている。餅の歴史に比べると、団子の歴史はきわめて新しい。石臼でムギが粉に挽《ひ》かれることにより、団子がはじめて登場するのである。団子は、新たに加わった「粉食」のシンボルなのである。

団子は「団粉」とも書くが、「団」は「集める」という意味で、粉を集めてつくることからそうした呼び名ができた。「子」は愛称である。

縄文時代の日本人はクヌギやナラなどの実を粉にし丸めて食べていたが、それは「粢《しとぎ》」と呼ばれていた。神前に供えるコメの粉でつくった餅も「粢」と呼ばれるが、それは木の実の粉でつくったものをコメの粉を使ったものに置き換えたことによると考えられる。アイヌ語では、木の実の粉を丸めたものを「シト」と呼ぶ。

遣唐使らの功績は、唐菓子などコムギを使った食品を新たにもたらしたことだった。粉にしたコムギが食材として広く利用されるようになったのである。しかし、ムギが食材に変わるには、挽き臼の使用が必要だった。ムギは粉に挽かなければ、食べられないのである。

団子は唐伝来のコムギ粉を練ってつくる食品で、もともとは唐菓子の一種だった。名前の由来は不明だが、唐菓子の団喜から転じたとする説がある。

『日本書紀』によると六一〇（推古《すいこ》一八）年に高麗《こうらい》の僧、曇徴《どんちょう》が石臼（中国名で「碾《てん》磑《がい》」）をもたらし、穀類の粉食を教えたとされる。奈良の東大寺《とうだいじ》に「碾磑門」という名称がのこされており、そこで碾磑が使われたという記録もある。それまではコメをはじめとする穀類は、すべて「粒《つぶ》」で食べられていたのである。

日本では粒食のモチにのみ「餅」の字を用い、粉製のモチはすべて「団子」としている。「餅」は、団子とは違って粒食の系譜を引いており、古い穀類の加工の様式である。餅は、日本糯米だけではなく、アワ、キビ、ナラの実、トチの実でつくるものもある。

列島の古い食文化に根ざしているのである。神仏に供える餅は、とくに「おそなえ」「おすわり」と呼ばれた。

団子は『和訓栞《わくんのしおり》』に「ダンゴは団子と書き西土の称なり」とあるように外来の食品であり、団子は総称だった。新しい団子は仏前にのみ供え、伝統的な神の前には供えず、お祝いの際にも用いないという習慣が多くの地域でみられるが、それは団子が水力を使って穀粒を搗《つ》くという画期的な新技術の伝来でつくられるようになった古代のモダンな食品だったためである。

うどんの起源は唐の菓子？

うどんは、もともとは遣唐使の一行が唐からもたらした「混沌《こんとん》」という菓子であり、そうめんも「索餅《さくへい》」という菓子だったとされている。「索」は「ナワ」の意味なので、「ナワのように長いコムギ製品」という意味になる。

「混沌」はコムギ粉でつくった団子に餡《あん》を入れて煮たもので、団子がクルクルしていて端がないことからコントンと呼ばれた。食べ物であることからのちに三水《せんずい》が食偏に改められて「餛飩《こんとん》」となり、熱く熱して食べることから「温飩《おんとん》」になり、それが転じて「饂《う》飩《どん》」になったとされる。最初は、現在のうどんとは似ても似つかない食品だったのである。

それに対して「索餅」は、コムギ粉、コメ粉、塩を練って縄のように伸ばし、ねじって油で揚げたもので、日本では、そのかたちをとって「牟義縄《むぎなわ》（麦縄）」と呼ばれた。九二七年の『延喜式』によると、索餅は酢、醤《ひしお》、塩、糖などであえて食べたようであり、宮中で食べられ、僧侶《そうりょ》にも供養として下された。

平安時代になると、もともとは貴族の食べ物だった索餅《むぎなわ》が平安京の市で売られるようになった。『今昔物語《こんじゃく》』には、索餅が蛇に化けた話が登場する。索餅は、だんだんと細くなり、現在のそうめんに変形していく。

コムギを使った食品は、(1)室町時代に二毛作の裏作としてムギが栽培されるようになった、(2)宋からの技術の導入により製粉用の石臼が民間に広く普及した、(3)禅僧により「点心」というスナック料理が紹介され普及した、などの理由で室町時代に広がった。

一四世紀になると索餅は、サクヘイ、サクベイと呼ばれるようになり、「素麺《そうめん》」という言葉が文献にあらわれるようになる。ちなみに中国の麺は、いまでも日本のそうめんを太くしたような形状である。室町時代の中期になると、サクヘイが消えてそうめんという呼称が一般化した。

やがてうどんもそうめんも原形を失い、現在のような細長いかたちをした食品に変わっていく。そうめんは乾燥した麺となり、細い棒状に切った現在のうどんは「切麦《きりむぎ》」と呼ばれるようになった。中国の「切麺《チェーメン》」である。「切麦」のうち熱したものを熱麦《あつむぎ》、冷やしたものを冷麦《ひやむぎ》といったが、いつの間にか「切麦」はうどんに組み込まれていった。

平安中期から鎌倉中期にあたる宋代が中国における麺類の完成期で、麺棒で麺を延ばし、包丁で切ってかたちを整えるようになった。そうした宋文化の影響で麺を細長く切って食べる習慣が日本でも広まったと考えられている。

「切麦」については、室町時代の日明《にちみん》貿易（勘合貿易）で、中国から伝えられたとする説もある。うどんは関西中心に発達し、関東に伝えられた。江戸時代でも寛文《かんぶん》頃まではうどんを主とするけんどん屋があり、そば屋ができるのは享保《きょうほう》以後とされる。

空海がもたらした煎餅

中国では前漢時代からすでに煎餅《せんべい》が食べられていた。唐代にその煎餅の製法を日本に伝えたのが、入唐僧の空海《くうかい》とされる。彼が順宗《じゅんそう》帝に招じられて振る舞われた料理のなかに、「亀の子」のかたちをした煎餅があり、淡泊な味わいが気に入った空海は製法を習い、日本に帰ると山城国《やましろのくに》の小倉《おぐら》の里の和三郎という人物に伝えたという。和三郎は、葛根《かっこん》とコメの粉に果物の糖液をつけて焼き上げ、「亀の子煎餅」と名づけて天皇に献上。全国に広めた。

煎餅の「煎」は煮るとか煎《い》るという意味があり、「餅」はコムギ粉をこねてつくった団子の意味である。もともとは、現在の煎餅とは異なり、柔らかく湿った煎餅で、日もちが悪かった。現在でも各地で、濡《ぬ》れせんべいがつくられている。

千利休《せんのりきゅう》の弟子に幸兵衛《こうべい》という人物がおり、応仁《おうにん》の乱以後の荒廃した京都で茶請けの菓子に不自由したことから、コムギ粉に砂糖を入れた焼き菓子を考案した。それが、現在の煎餅のイメージにつながる乾燥させた煎餅である。この菓子は、千利休の「千」の字をもらって「千の幸兵衛」と呼ばれ、のちに「幸」の字を省略して千兵衛（センベイ）と呼ばれるようになったと語り継がれている。「センベイ」という名の説明である。

5　砂糖、ソラマメ、レンコンの意外な伝来

大仏とソラマメの意外な縁

日本の古代史を代表するイベントである東大寺の大仏の開眼会《かいげんえ》が、ソラマメの日本伝来のきっかけになった。

中国の『本草綱目《ほんぞうこうもく》』では、ソラマメは「胡豆《ことう》」と記される。そこには古代地中海世界のソラマメの特別なイメージはまったくない。「胡」は中国の北方の地域を指すので、北方から伝えられた豆というほどの簡単な意味である。中国では、前漢の武帝《ぶてい》（位前一

四一―前八七）の時代に大月氏国《だいげつし》に派遣された使節、張騫《ちょうけん》（?―前一一四）が西域からもたらした豆と説かれている。

中国では、ブドウ、ザクロ、ゴマ（胡麻）、キュウリ（胡瓜）、ニンニク（胡蒜）などと同じようにソラマメも、張騫がもたらしたとされている。シルクロードの存在を明らかにした張騫に、西方伝来の食物群が結びつけられているのである。シルクロードは、西方の食材が中国に流入する主要なルートだったのである。

漢帝国が唯一の天下（世界）と考えていた中国人にとって、西方に安息《あんそく》（アルサケス朝の音訳で、パルティアを指す）という大帝国があるという張騫の報告は、驚天動地であったにちがいない。それゆえ中国では、張騫は西方世界の発見者としてコロンブスになぞらえられ、西方伝来の作物の多くが張騫によりもたらされたという伝承が生まれたのである。しかし中国には、古代エジプトやギリシアの不吉なソラマメのイメージは伝えられなかった。かたちが胎盤に似ていることから黄泉《よみ》の世界と現世をつなぐ植物とされていたソラマメの前史が消されてしまったのである。中国ではソラマメのかたちが蚕《かいこ》に似ていることから、「蚕豆《さんとう》」とも呼ばれている。

日本にソラマメを将来したのは、聖武《しょうむ》天皇の下で建立された東大寺の大仏の開眼法要のために七三六年に唐から招かれたインド僧の菩提僊那《ぼだいせんな》（七〇四―七六〇）だとされる。菩提僊那は、七三三年に遣唐大使多治比広成《たじひのひろなり》などの要請を受けて、大宰府《だざいふ》を経て七三六年に摂津《せっつ》で行基《ぎょうき》などの出迎えを受け、平城京の大安寺《だいあんじ》に入った。七五一年に僧正《そうじょう》となり、翌七五二年の大仏開眼供養の開眼師をつとめ、七六〇年に大安寺で五七歳の人生を終えた。

七五四年に盲目になりながら六度目の試みを成功させて渡日し、のちに唐招提寺《とうしょうだいじ》を開いた鑑真《がんじん》と菩提僊那は、平城京でめぐり会ったということになる。

菩提僊那は、行基《ぎょうき》（六六八—七四九）に持参してきたソラマメを与え、行基がその豆を兵庫県の武庫《むこ》村に植えつけたという。そのように考えると、ソラマメは大仏開眼会という古代日本のもっとも晴れがましい大イベントを契機に日本にもたらされた豆ということになる。歴史書には記されていない、世界と日本の出会いである。

ちなみにソラマメは豆の莢《さや》が上向きについていることから、空を向く豆ということでソラマメという美しい呼び名になった。古代エジプトのイメージは、すっかりと忘れ去られてしまったのである。

鑑真がもたらした風邪薬「砂糖」

砂糖を意味する英語の「sugar」は、フランス語の「シュクル（sucre）」が転訛《てんか》した言葉だが、ルーツはさらにアラビア語の「スッカル（sukkar）」、サンスクリット語の「サルカラー（sarkara）」へと遡《さかのぼ》ることができる。砂糖が、広い地域を渡り歩いた世界史的な大作物だったことがわかる。

サトウキビのルーツをたどると、ニューギニアに行き着く。紀元前一万五〇〇〇年から八〇〇〇年頃にはすでにサトウキビが利用されていたが、やがて、東南アジアと交易を行ったインド商人の手でインド社会に移植された。インドで紀元前の時代から砂糖が使われていたことについては、たしかな証拠がある。アレクサンドロス大王（位前三三六—前三二三）のインド遠征に参加した司令官ネアルコスは、「インドでは蜂《はち》の助けを借りずに、葦《あし》の茎から蜜《みつ》をつくっている」という報告をのこしている。彼が記した「葦の茎からつくられる蜜」は、砂糖を指している。

八世紀中頃以降、イスラーム商人によりユーラシア規模の大交易圏が成立すると、サトウキビは、コメ、綿花、レモン、料理用バナナ、マンゴーなどと一緒にイラク南部に伝えられた。インドの食材の大移動である。

当時は地中海が「イスラームの海」と化していた時代であった。「万能の薬剤」としてサトウキビはエジプトでさかんに栽培され、やがてキプロス島を経てシチリア島、北アフリカにも伝えられることになった。

地中海沿岸のサトウキビづくりは、イネと同じように集約労働によりなされた。エジプトのサトウキビ栽培では、植えつけから収穫まで二八回もの給水が行われたとされる。

佐藤次高《つぎたか》氏の『イスラームの生活と技術』では、一二五二年にカイロからバグダードに向かうラクダのキャラバンが、フラグが支配するイル・ハーン国のモンゴル軍に襲われ、エジプト産の砂糖一三五トンが略奪される事件があったことが紹介され、当時のエジプトが世界有数の砂糖の生産国になっていたことが明らかにされている。

エジプトでは、砂糖は高価な薬材として扱われた。一四世紀にイタリアの商船によりヨーロッパで蔓延《まんえん》していたペストがアレクサンドリアからエジプトに伝染したとき、ペストによる喉《のど》、関節などの痛みを和らげるために砂糖が使われ、そのために価格が五倍から六倍に跳ね上がったとされている。

ヨーロッパにも十字軍時代に、ヴェネツィア経由で砂糖がもたらされた。当時の砂糖は、高級食材であるとともに生薬商が売りさばく薬品でもあった。一三世紀のイタリアのスコラ哲学の大学者トマス・アクィナスは質素な生活の大切さを説き贅沢《ぜいたく》品の使用に反対したが、砂糖は胃の薬として贅沢品のリストから除いている。

ちなみに中国に砂糖の製法が伝えられたのは、ヨーロッパよりも五〇〇年以上も早い五世紀末から六世紀はじめのことである。

「唐黒《とうぐろ》」と呼ばれた黒砂糖が日本にもたらされたのは、七五四年に遣唐副使の大伴古麻呂《おおとものこまろ》が帰国した際に一緒に渡来した盲目の僧侶、鑑真によるといわれている。砂糖は当時は上流階級の贈答品であり、風邪薬としても使われた。

日本でサトウキビを栽培しはじめるのは、一六一〇（慶長《けいちょう》一五）年に奄美《あまみ》大島の直川《すなおかわ》智《ち》という人が中国から苗を持ち帰って以後である。その後、幕命により全国各地で栽培されるようになった。研究面でも平賀《ひらが》源内《げんない》、池上《いけがみ》太郎《たろう》左衛門《ざえもん》幸豊《ゆきとよ》などのすぐれた研究者が続出。黒砂糖から氷砂糖までがつくられるようになった。

円仁がもたらしたレンコン

ハス（蓮）は、シャカ・ムニの誕生を告げて花開いたと伝えられており、仏教との関係がきわめて深い。ちなみに「蓮」の字の「連」は、花と実が「連なって」いたところからきている。

すでにハスの葉や花は『万葉集』や『古今和歌集』に詠まれているが、当時としては珍しい植物だった。水底にあるハスの地下茎のレンコンを栽培し食べる習慣は、八四七（承和《じょうわ》一四）年に最後の遣唐使船に乗り込んだ、最澄《さいちょう》の弟子の円仁《えんにん》（慈《じ》覚《かく》大師）が唐から持ち帰り普及させたとされている。仏がとりもつ縁である。

円仁は乗り組んだ船が嵐に遭い、やっとの思いで長江《ちょうこう》河口の商都、揚州《ようしゅう》に漂着。五台《ごだい》山《さん》を経て長安で密教を学び、新羅商人の船に乗り帰国した。彼は八〇二巻の経典を日本に持ち帰ったが、同時にハスの地下茎が食べられるという情報をもたらしたとされているのである。レンコンは、瀬戸内海周辺で栽培されるようになる。

江戸時代後期の享和《きょうわ》年間（一八〇一—〇四）に周防《すおう》（山口県）の岩国の庄屋の村本三

五郎は九州に渡ってレンコンの栽培に取り組み、郷里に戻ったのちに九つの穴のレンコンをつくった。このレンコンは、岩国藩主吉川《きっかわ》家の家紋「九曜《くよう》」と合致していたところから栽培が奨励され、岩国レンコンとして名をあげた。

遣唐使が見過ごしてしまったホウレンソウ

前五五〇年にイラン高原南部のペルシス地方から出て、エジプト、メソポタミアの二大農耕地帯とその周辺を統一したアケネメス朝以来、七世紀にイスラーム勢力が台頭するまで、アケメネス朝、アルサケス朝（パルティア）、ササン朝という三つのペルシア人の帝国が長いあいだ続いた。ペルシア人は、ローマ帝国などの地中海勢力と争いあうほどの大勢力だった。

そのペルシア（イラン）で紀元前の時代から好んで食べられ、広く世界に伝えられた野菜がホウレンソウである。ペルシア人は、古い時代から高地の冷涼な場所で育つホウレンソウを、健康維持に役立つ薬草として好んで食べた。たしかにホウレンソウはビタミンAとCが豊富であるが、ホウレンソウの茎の赤い部分には赤色のベタシアニン色素が含まれていて、ガンを抑制する効果をもつとされている。

中国では、かつてホウレンソウのことを「菠稜菜《ポーリンツァイ》」と呼んだ。現在では省略して「菠《ポー》菜《ツァイ》」と呼ぶ。この「菠稜」は、「ペルシア」の意味である。

ホウレンソウは、唐の二代皇帝の太宗《たいそう》（位六二六—六四九）の時代にネパールの僧が中国にもたらしたとされる。唐帝国の都、長安では、ファッション、娯楽、食べ物にいたるまでペルシア風（「胡風」と呼ばれた）文化が流行していた。イスラーム勢力の大征服運動でササン朝が滅亡し、多くのペルシア人、ソグド人などが長安に移住、亡命していたからである。ホウレンソウもそうした時代背景の下でペルシア人がよく食べるモダンな食材として唐人の生活にとり込まれたようである。長安でよく食べられていた食材は、コメ、キビ、ブタ肉、鳥肉、豆類、タマネギ、タケノコなどだったから、ホウレンソウは外来の珍しい食材とみなされた。

ペルシア人のホウレンソウを薬草とする考え方は唐の社会にももち込まれ、ホウレンソウは健康に役立つ野菜として評判を呼んだ。唐代は錬丹術がさかんに行われた時代で、不老不死の薬として水銀の原料になる辰砂《しんしゃ》がさかんに飲まれた。皇帝も辰砂を熱心に飲み、何人もが水銀中毒で命を落とした。この時代にホウレンソウは、辰砂を飲んだあとの不快感を取り除く野菜としてもてはやされたようである。

しかし、遣唐使、留学生、留学僧として唐に派遣された日本人は、ホウレンソウには気づかなかったようである。一六三〇年に書かれた林羅山《はやしらざん》の『多識篇《たしきへん》』にホウレンソウの記述があることから、日本にホウレンソウが入ったのは、一六世紀末から一七世紀初頭と考えられている。

中国から伝えられたアジア種のホウレンソウは、剣のようなかたちの葉をもつという特色があった。明の勘合貿易体制がくずれ、密貿易の頭目の王直《おうちょく》が五島《ごとう》・平戸《ひらど》に拠点を移して以来、多くの明人が九州各地に居住するようになりホウレンソウも日本にもち込まれた。ホウレンソウは、江戸時代には根が赤いところから「赤根菜」、中国から渡来したことから「唐菜《からな》」などと呼ばれた。

6　魚醬から味噌へ

魚醬文化は稲作と関係がある？

海に囲まれた日本列島の古い時代の調味料は、魚醬《ぎょしょう》だった。塩漬けにした魚介類を一年以上貯蔵し、熟成させた調味料が魚醬（魚醬油）である。塩を使って魚介類の腐敗を抑えながらタンパク質を分解すると、塩味とうま味がうまくミックスされた魚醬ができる。

最近は日本でも愛用されるようになってきた、小魚・エビを原料とするタイの「ナムプラ」、イワシの仲間のカコム、ムロアジ類を使うカニョク、トビウオなど種々の魚を原料とするヴェトナムの「ニョクマム」、小エビを原料とするインドネシアの「トラシ」など、各地に種々さまざまの魚醤がある。

魚醤圏は、かつては地中海、東南アジアから中国、朝鮮、日本などの東アジア世界に広がっていた。秋田の「しょっつる」、能登半島の「いしる」、香川の「イカナゴ醤油」、鹿児島の「カツオのせんじ」などは日本を代表する魚醤である。現在もさかんに食べられているイカの塩辛、熟鮨《なれずし》などは、魚醤文化の名残りと考えられている。醤油文化の前に魚醤文化があったのである。

そこで問題になるのが、広大な地域に広がる魚醤文化の起源である。ヴェトナムには、ヨーロッパから魚醤の技術が伝えられたという伝説があるという。たしかに古代ローマ帝国では「ガルム」と呼ばれる魚醤がつくられていた。しかし、それが近代になってヴェトナムに伝えられたという説は、いかにも荒唐無稽《こうとうむけい》である。

それに対して石毛直道《いしげなおみち》氏は、内陸部の川魚を原料とする魚醤に起源があるとする注目すべき見解を示している。つまり、雲南に起源をもつ稲作が川沿いに南下しインドシナ半島に定着するなかで、水田や水路で簡単に得られる小魚を使い魚醤がつくられ、それにコメを加えて熟鮨がつくられたのではないかというのである。水田耕作と魚醤には密接な関係があり、稲作とともに魚醤が広まったと考えられるのである。

料理の基本だった膾

自然が提供してくれる食材には季節による偏りがあり、保存こそが古代の「食」の大問題だった。古代の東アジアでは、生の肉や魚を塩で漬け込み発酵させて、塩辛として保存した。戦国時代から漢代にかけて、「鮨《き》」という魚の塩辛、「醢《かい》」という肉の塩辛が保存食としてさかんに食べられたのである。日本ではすしの字に「鮨」の漢字をあてるが、「鮨」はすしではなく本来は塩辛の意味なのである。

漢代以降に江南の稲作地帯の開発が進むと、コメを発酵させて食品保存に利用するようになった。肉や魚に塩と米飯を加えて三か月から一年間発酵させる「熟鮨」である。「膾《なます》」は細く刻んだ肉、「鱠《なます》」は細かく刻んだ魚肉を酢に浸したものを指している。

食文化研究家の篠田統《しのだおさむ》氏は鮨の起源について、「元来は東南アジア山地民の料理法、否、米を利用した川魚や鳥獣肉の貯蔵法」とし、コメとともに雲南地方から「酢漬け」の方法が中国、朝鮮、日本に伝えられたのではないかと推測している。ちなみに韓国料理のユッケも、漢字で書くと「肉膾」になる。

中国の生食文化は、内陸性の遊牧文化の影響が強い唐代までは生肉の「膾」が中心だった。ところが宋、南宋の時代に大転換が起こり、魚肉中心に変わった。唐で皇帝の一族の姓「李《り》」と同音であったことから食べることを禁じられていた川魚の王「鯉」が食材として復活したこと、魚が豊富にとれる江南の開発が進んだことが、転換の理由であった。

古代の日本も中国の食文化の影響で、膾として肉や魚肉を処理することが食品保存と料理の中心になった。『日本書紀』では「割鮮」と書いて、「ナマスック」と読んでいる。「奈万須」は生肉《なましし》が短縮された言葉で、生の獣肉を指す。地理的条件もあって中国では獣肉の「膾」が中心だったが、日本では生魚が主に使われた。「膾」に酢が用いられるようになるのは室町時代以後のことである。

東アジアに広まった醬

西域伝来の仏教は、現在の東アジアの代表的な調味料の「醬《ジャン》」、日本の醬油、味噌《みそ》の原型になる「豉《くき》」をもたらした。醬油や味噌のもとになる醬は、仏教とともに東アジアに伝来したのである。それ以前の日本列島では、調味料として古い時代から魚醬が使われていた。塩辛の上澄みのようなものである。

かつては魚、肉を塩に漬けて発酵させた食品は「醬《ひしお》」と呼ばれていたが、非常に塩辛いものだった。面白いことに漢字でアワビを指す「鮑」も、もともとは肉醬《にくびしお》の意味である。醬《ひしお》には、ウリ、ナス、カブ、ダイコン、ウド、モモ、アンズなどを用いた草醬《くさびしお》、鳥、獣を用いた肉醬、魚、貝、カニ、ウニ、エビなどを用いた魚醬、コメ、コムギ、マメなどを用いた穀醬《こくびしお》があった。

仏教と外来文化の影響で日本では魚と肉を用いる醤がしだいに敬遠されるようになり、豆や穀物を原料とする醤に組み替えられていく。中国の文献では仏教とともに西域から醤の前身の「豉」が中国に伝来したとされる。ダイズを主原料とする豉はコムギを加えることで醤となり、その後かたちを組み替えながら朝鮮半島を経て日本列島にいたった。

醤の伝来のプロセスは明らかではないが、大宝令の職員令《しきいんりょう》によると、宮内省のなかに朝廷の食事を司《つかさど》る種々の官職が定められていたが、大膳職《おおかしわでのつかさ》の下に醤類を司る醤院《しょういん》が置かれている。醤《しょう》は、肉醤・魚醤時代の呼び名を受け継いでヒシオと読まれたが、現在の味噌と醤油のもとになる調味料である。大宝律令が制定された頃には、醤油、味噌の原型となる醤《ひしお》がすでにつくられていたことがわかる。

平安時代になると醤づくりはかなり普及した。平安京の東市《ひがしいち》には醤廛《しょうてん》（店）、西市《にしいち》には味噌廛（店）が設けられ、醤を売る店は五〇軒におよんだとされる。

味噌は百済から？

固体の味噌は、かつては醤《ひしお》以前の意味で「未醤」と書かれていたが、後世に「未」の字に口偏を加えて「味」となり、「醤」の字が「曾」に改められたのち口偏が加えられて「噌」になったとされる。しかし、初期の「醤」はドロドロした液体のようなもので醤油との区別はなかった。

朝鮮半島で唐と同盟した新羅が六六〇年に百済を滅ぼすと、多くの百済人が日本列島に移住した。そのときの移住者のなかに味噌づくりの名人がたくさんいたのではないかと推測されている。そうしたことから味噌はかつて、日本では高麗醬《こまびしお》とも呼ばれていた。味噌は朝鮮語の miso から生まれたとする説もある。

七五四（天平勝宝《てんぴょうしょうほう》六）年に、盲目になりながら仏教の戒律を伝えるために日本に渡来した鑑真が、砂糖などとともに中国の調味料の豉《し》をもたらしたことが『唐大和上東征伝《とうのだいわじょうとうせいでん》』に記載されている。それは、のちに奈良で「あすかみそ」と呼ばれる黒豉であったとされている。

味噌煮がはじまるのが鎌倉時代、味噌汁がはじまるのが室町時代である。味噌は兵糧として武士により製法が工夫され、東北地方や内陸地方では塩を補う食品として重用された。

7 ソバとコンニャクとイワシとゴボウ

ソバは飢饉の際の食べ物だった

ソバは、原産地のシベリアから朝鮮半島を経由して日本列島に伝えられた。北海道を経由して、北から南に広まったとする説もある。四〇〇〇年くらい前にオホーツク海に面する遺跡で栽培されていたというので、コメよりもずっと古い。

『続日本紀《しょくにほんぎ》』によると七二二年に元正天皇《げんしょう》が、夏に雨が降らずイネの成長が思わしくなかったので、七月にソバを植えさせて飢饉《ききん》に備え備蓄させたとの記録があり、奈良時代には救荒作物としてソバが栽培されていたことがわかる。またこの故事にもとづいて関西のソバ業者は、元正天皇をソバの神としてまつっている。ソバは耐寒性の強い作物であり、しかも痩《や》せている土地で育てたほうが味も香りもよくなるために、飢饉に備える作物としては最適だったのである。

ところで古代のソバの食べ方は、現在とはまったく違っていた。ソバを粉に挽《ひ》き熱湯で練る「そばがき」、コメとソバの粒を混ぜ合わせて炊く「そばめし」として食べられたのである。ソバ栽培の発祥の地は近江《おうみ》の伊吹《いぶき》山の付近とされ、それが山梨・長野の山間部に持ち込まれ、とくに長野で栽培が広がったとされる。

現在、わたしたちが食べている細長い「そば」は昔は「そば切り」と呼ばれたが、起源については諸説がある。『嬉遊笑覧《きゆうしょうらん》』は、天正《てんしょう》年間（一五七三―九二）に甲州ではじまったとしている。また、江戸時代の初期に朝鮮の僧、元珍《げんちん》が東大寺にきて、ソバにつなぎとしてコムギを加えることを教え、それが現在のそばのルーツになったとする説もある。

江戸に「そば切り」が伝えられたのは一六六四(寛文四)年とされる。新しもの好きの菓子屋が「蒸しそば」として最初に売りに出すと、新奇なものを好む江戸っ子のあいだで大評判になったという。

コンニャクは飛鳥時代から

コンニャクの原料となるコンニャクイモはインドシナ半島南部が原産地だが、六世紀の中頃に薬用として朝鮮から伝えられ、推古《すいこ》天皇の時代(五九二―六二八)には中国から輸入された。コンニャクは腹のなかの「砂払い」、つまり整腸に効果があるとされていた。

コンニャクイモには毒性があるために生では食べられず、イモを煮て皮を剝《む》いたのちに糊《のり》のように引き潰《つぶ》し、それに石灰を加えて固めることでコンニャクをつくった。コンニャク粉は吸水性が強く、水につけると著しく膨張し弾力と糊力《こりょく》を増したのである。コップ一杯のコンニャク粉から約四〇個のコンニャクがつくられたという。

鎌倉時代の精進料理では、コンニャクを味付けして煮たものを「糟鶏《そうけい》」と称した。鶏肉のカスというような意味になる。またヤマフグの刺し身といって、コンニャクの刺し身も食べられるようになる。

ちなみに「坊主とコンニャクは田舎がよい」という言葉があるように、地方の坊主が素朴なのと同様に混ぜもののない田舎のコンニャクのほうが、混ぜものが多く、色が白く柔らかい都会のコンニャクよりもすぐれているとされた。

元禄《げんろく》時代になるとコンニャクの煮物が屋台で売りに出されるようになり、庶民料理としてもてはやされた。おでんの前身である。俳人の松尾芭蕉《まつおばしょう》は、コンニャクが大好物だったといわれている。

イワシは古代の大衆魚

イワシはすぐに死んでしまう弱い魚なので、「ヨワシ」が訛《なま》ってイワシという呼び名になったとも、民衆が食べる魚なので「イヤシ」が訛ってイワシになったともいわれる。古代以来の代表的な大衆魚である。イワシの骨は縄文時代の貝塚から大量に出土しており、古くからよく食べられた魚だったことがわかる。

太平洋側のマイワシ、日本海側のウルメイワシ、瀬戸内海のカタクチイワシという違いはあるが、大量にとれるイワシ類は大衆に愛される魚だった。奈良時代には一八匹が三文と文書に書かれており、値段が安く庶民の魚の代表格だったことがわかる。

イワシはたいへんに浮気な魚で、とれる年はいやというほどとれたが、とれなくなるとパタッと漁がとまってしまう。江戸時代でも、一六五六（明暦《めいれき》二）年にはイワシの大群が利根川に押し寄せ、漁師が上流に移り住むほどだったといわれ、その後も豊漁が続いたが、一七三〇年代以降全国的にイワシがとれなくなり、一九世紀になってやっと復活するというような状況だった。

大衆魚が下魚《げざかな》として蔑《さげす》まれるのはどう見ても不当である。たくさんとれるだけのことで味とはかかわりがないからである。『源氏《げんじ》物語』の著者の紫式部《むらさきしきぶ》が下魚のイワシを食べたのを、夫の宣孝《のぶたか》がそんな卑しいものを食べてと笑ったところ、彼女は「日本《ひのもと》にはやらせたまふいはしみずまいらぬ人はあらじとぞおもふ」と詠んで、切り返したという面白い話がある。京都の石清水八幡宮《いわしみずはちまんぐう》の参詣とイワシを参るに掛け、だれでもイワシを食べるでしょうとやわらかく反論したのである。

ゴボウ料理は平安時代末期にはじまる

ゴボウは、ヨーロッパからシベリア、中国北部にかけて自生する。現在はヨーロッパでも中国でもアクの強いゴボウはほとんど食べられておらず、薬剤として用いられているだけである。ゴボウは日本の固有の食材であり、食卓にのぼるのも日本だけである。

平安時代末頃になると、ゴボウを食材として使う献立が現れている。それにしてもゴボウの根は長く、固い。そのためもあってか中国では宋代まではゴボウが食べられていたが、それ以後は食卓から消えてしまった。

日本ではクロマメ、クロゴマなど「黒い」色の食材が健康によいと考えられ、ゴボウもそうした食材として生きのこったようである。正月にゴボウを食べるのも、ゴボウが地中に深く根を張るように一家の基盤が固まるようにという願いをこめたのであろうと考えられている。

京都の堀川《ほりかわ》ゴボウ、江戸の滝野川《たきのがわ》ゴボウは江戸時代から知られるようになった有名な品種である。細くて短い注連縄《しめなわ》を牛蒡注連《ごぼうじめ》と呼ぶのは、そのかたちによる。

ゴボウを細く切ってニンジンなどと混ぜ合わせて煮、トウガラシを入れたものを「きんぴら」という。「きんぴら」というのは坂田金時《さかたのきんとき》に金平《きんぴら》という強い息子がいて、源《みなもとの》頼光《よりみつ》の四天王の一人だったというが、それが金平浄瑠璃《じょうるり》で有名になりその強壮力にあやかろうとして「きんぴら」という呼び名ができたとされる。

第三章　「食」のルネサンス、室町時代

I　室町時代に変わった「食」の文化

室町文化とモンゴル帝国の関係

鎌倉幕府をモデルにした武家政権でありながら京都に拠点を置いた室町幕府は、質素な武家文化と贅沢《ぜいたく》な貴族文化の双方に足をおいていた。「食」文化の面でも、室町時代にはこの異質な二つの文化の統合が進められたのである。地方では守護大名が領地の開発を進めており、多くの食材が出回るようになった。江戸時代になると多くの調理法が工夫されて和食が集大成されるが、その前提となる食材がほとんど出そろうのが室町時代なのである。

室町時代は、活発化した日元《にちげん》貿易、さらには日明《にちみん》貿易（勘合貿易）により、新しい食材、食品、加工法、食の考え方が幅広くとり入れられた時代だった。しかし、どちらかというと元の影響のほうが大きい。明は、倭寇《わこう》の関係もあって日本人の留学を認めず、貿易も厳重な国家管理の下に置かれたからである。

他方元代は元寇《げんこう》のイメージが強いが、実際には日宋貿易をはるかにしのぐ規模の貿易が行われた「経済の時代」だった。日元貿易が活発に行われた状態は、韓国の全羅南道《ぜんらなんどう》の新安沖で一九七五年に発見された沈船（全長約三四メートル、幅一一メートル、乗組員七〇人と推定）の積み荷からも明らかになる。この船は一三二三年に元の慶元《けいげん》（寧波《ニンポー》）の港を出て博多《はかた》に向かった船で、日本の商人・寺社が荷主だったが、じつに陶磁器二万二〇〇〇個、銅銭約八〇〇万枚（二八トン）、コショウなどの荷が積み込まれていた。

偶然に発見されたこの船がごく一般的な商船だったことを考えると、元代の民間貿易の規模の大きさがイメージできる。元代に中国では貨幣が交鈔《こうしょう》という紙幣に統一化されており、宋代に鋳造された膨大な量の銅銭は不用になっていた。そうした銅銭を日本に運んで流通させれば大きな利益が見込めたのである。その際にエージェンシーの役割を果たしたのが、語学力と儒教的な教養を身につけた禅僧だった。

南宋が元に滅ぼされたのは一二七九年であり、元が滅んだのは一三六八年なので、室町時代の「食」の変動の多くが元と深く結びついていたことが明らかになる。

元代に禅僧によりもたらされた精進料理、懐石料理の「点心」、茶は、日本の「食」を転換させる大きな原動力になった。豆腐、麩《ふ》、まんじゅう、羊羹《ようかん》などの中国伝来の食品が普及し、醬油《しょうゆ》、ゴマ油などの調味料も一般化したのである。

禅僧による日本のルネサンス

宋と元を訪れた禅僧の数は非常に多く、滞在期間も一〇年、二〇年と長期におよび、中国の生活様式を身につけて日本に帰った。それ以前の留学僧の短期滞在とは、まったく違ったスタイルの滞在だったのである。「不立文字《ふりゅうもんじ》」「直指人心《じきしにんしん》」「見性成仏《けんしょうじょうぶつ》」を唱える禅宗は感性を重んじる仏教であり、経典を読むだけでは修得できなかった。中国人の生活の様式を学ぶ必要があったのである。

彼らは帰国すると京都、鎌倉の大寺院に迎えられ、その語学力や中国の支配層である士大夫《したいふ》層との共通の教養を買われて外交面でも活躍した。禅僧は先進的でモダンな生活スタイルを身につけた人として、民間からも尊敬を受けたようである。禅僧を通して貴族や武士のあいだに中国風のトータルな生活様式が浸透した。彼らが持ち帰った茶と茶会、懐石料理などの精進料理、さらには書院造りという住宅建築の様式、室内の装飾、作庭法などが、日本の文化に新たな要素として組み込まれた。曹洞《そうとう》宗の開祖となった道元《どうげん》は、一切は仏性《ぶっしょう》であるとして一粒のコメも粗末にはできないと説いたが、そうした考え方は食材の背後に神の存在を意識する日本古来のアニミズムとの共通性をもっていた。日本の伝統的な「食」文化と禅宗を媒介とする中国の「食」文化の融合が進んだのである。

禅僧を媒介として成し遂げられたきわめて大規模な中国文化の導入が日本「文化」に

およぼした影響の深さは、遣唐使の比ではない。多くの禅僧が持ち帰った文化は、それ以前から存在していた日本の「食」文化を組み替えることになる大変革が進んだ。そのように考えると、ユーラシアの大半がモンゴル帝国に組み入れられる世界史の大変動期に、日本の文化も大変革を遂げたのである。

モンゴル帝国は、草原の道と海の道をつなぐ円環ネットワークをつくり上げ、ユーラシア規模の交易を活性化させた。そうした大ネットワークと結びつくことで莫大《ばくだい》な富がイタリア諸都市に蓄積され、それがイタリア・ルネサンスの経済的基盤になった。

イタリア・ルネサンスが花開いていく時期に、日本文化も禅宗の様式の下で中国文化を導入し、日本風の「ルネサンス」の時代を迎えていたのである。鎌倉時代からの蓄積を土台とした日元貿易による文化交流の大きさが、室町時代の「食」の変動を呼び起こしたのである。

しかし座禅を重んじる禅宗をベースに「ルネサンス」がなされたことで、日本の「ルネサンス」は独自の個性を身にまとうことになった。それは「形」を重んじ「道」としての精神性を重んじるという特性である。異国風の先進文化として、宋元文化を形式的に受容する貴族、武士の傾向もそれを支えた。

それにしても日本文化は、様式が重んじられる文化である。一定の精神性をもつ「道」が定式化されると、それはなかなかくずれることがない。茶道、華道、歌道などだけではなく、あらゆる分野で「道」がつくられて前例・慣行が重んじられ、たとえ弊害があったとしてもそれはなかなかくずれはしない。グローバリゼーションのように激しく揺れ動く世界変化への対応に、日本人が不得手なのはそのせいもあろう。

「膳」の普及

禅宗から起こった「ルネサンス」は、新しい食事の様式をつくり上げた。それが「膳《ぜん》」による食事のスタイルである。

日本のもっとも古い食膳は弥生《やよい》時代にまで遡《さかのぼ》り、静岡県の登呂《とろ》遺跡から出土した長方形の木製の板に低い足をつけた「つくえ」とされる。「つくえ」の語源は、「坏居《つきうえ》」で坏《つき》（食器）を置く台である。

平安時代に入ると「つくえ」のほかに、円形ないしは四角い盆の下に一本の足をつけた高坏《たかつき》、角形の盆である折敷《おしき》、四角い盆に台がついた懸盤《かけばん》、のちの時代の三方《さんぽう》にあたる衝重《ついがさね》などの多様な食膳が使われるようになった。庶民のあいだでは、粗末な片木《へぎ》でつくった片木折敷が用いられた。

近世になると漆塗りの多様な膳がつくられ、庶民のあいだには「箱膳」が普及するが、この箱膳は室町時代に禅宗寺院から民間に普及したものだった。箱膳は、一人前の食器をしまっておく箱だが、食事の際に蓋《ふた》をひっくり返して食卓とすることができるという便利なものだった。日本の伝統的食事法ではひとりひとりが使う食器が決まっており、あらかじめ取り分けた食物を自分の「膳（銘々膳）」に置いて、自分の箸《はし》で食べるという様式だったからである。

「膳」はもともと「食物」「御馳走《ごちそう》」などの意味をもっており、ご飯を一膳、二膳と数えるような使い方が一般的だった。それが、江戸時代以降、食台にのる料理を総体として「膳」と呼ぶようになり、さらにそれが食台そのものを指すようになったのであろうと推測されている。

「膳」が過去のものとなりちゃぶ台からテーブルに代わっても、食卓を「おぜん」と呼ぶのは個食の名残りだとされる。銘々膳は、身分・序列にやかましいタテ型社会の日本文化に合致する食台だった。共食は、タテ型社会には馴染《なじ》まなかったのである。

応仁の乱と「侘び」

一三六八年に元が滅んで明が成立すると、海禁政策がとられて私商人の海外貿易が禁止され、東アジア世界は大きく様変わりした。一四〇四年には勘合貿易がはじまるが、貿易の規模は元の時代とは比べるべくもなかった。

さらに一四六七年には全国を二分する応仁《おうにん》の乱が起こり、日本は戦国時代に移行していく。全国の武士を二分し、京都を戦場として一〇年間戦われた応仁の乱は、日本の

「食」文化にも大きな影響をもたらした。戦後、将軍の権威は地におち、幕府は財政難に陥った。足利義政《あしかがよしまさ》（位一四四三—七三）は、義満《よしみつ》の金閣《きんかく》にならい、東山に銀閣《ぎんかく》を建てて銀箔《ぎんぱく》を張ろうとしたが、果たせなかった。財政が行きづまっていたのである。地方に実力本位の下剋上《げこくじょう》が広まるなかで、無常観や現実逃避の風潮が一般化し、それが禅文化、「茶の湯」、懐石料理に大きくかかわる東山文化となり、日本の「食」文化の新しい流れを形成していく。「わび（侘《わ》び）」と「さび（寂）」の背景には、応仁の乱後の荒廃があったのである。日本が世界的な銀産国になった豊臣秀吉《とよとみひでよし》の時代になると、「わび」と「さび」は贅沢《ぜいたく》の様式に変化する。

2　新しい「食」のかたちと「茶の湯」

流行らなかった唐の茶

宋の禅院では、茶は睡魔を払う飲み物と考えられていた。禅僧が身につけてきた新しい茶を飲む作法は日本社会に広く浸透し、「茶の湯」という総合的な文化を形成することになった。茶は禅宗の点心、精進料理と結びついて日本の「食」に大きな変化をもたらしていく。

中国の茶を飲む風習は、パンダが生息することで有名な四川《しせん》にはじまった。唐の陸羽《りくう》が『茶経《ちゃきょう》』で引用したところによると、三国時代の魏の時代に書かれた『広雅《こうが》』には、飲茶の習慣は四川から起こり、茶葉を蒸したり、釜《かま》で炒《い》ったりしたのちに型に入れて押しつけ、煉瓦《れんが》状に固める「磚茶《せんちゃ》」として用いたとある。固形化した茶を削って使ったのである。

当時は「茶」という文字が用いられず「荼《ちゃ》（「苦い」の意）」、「茗《ちゃ》（遅く摘んだ茶の意）」が使われた。「茶」という文字は「荼」の俗字で、七世紀頃から用いられたという。「茶」は、もともとは茶の新芽を摘んだものを指したという。

茶を普及させるのに功績があったのは、のちに「茶祖」といわれた陸羽（七三三―八〇四）である。七六〇年頃に陸羽が『茶経』の巻頭で「茶は南方の嘉木《かぼく》なり」と書いているように、茶は温帯から熱帯にかけて広く分布する植物であった。

茶は眠気を覚まし、体に活力を与える薬として、貴族、僧侶《そうりょ》などのあいだで愛飲されるようになっていく。一般に普及するのは、隋《ずい》代から唐《とう》代になってからのことであった。唐の最盛期の開元時代（七一三―七四一）には「茗」がさかんに飲まれた。陸羽が晩年の玄宗《げんそう》皇帝に謁見《えっけん》したのは、天宝《てんぽう》年間（七四二―五五）のことである。

日本列島にも茶木は自生していたが、茶を飲む習慣はなかった。唐の飲茶の風は、遣唐使や留学僧により仏教とともにもたらされるが、普及するにはおよばなかった。日本では茶は、高雅でモダンな飲み物としてもっぱら宮中で楽しまれたのである。七二九（天平《てんぴょう》元）年に、聖武天皇が薬用としての茶を賜る「行茶儀《ぎょうちゃのぎ》」を催したという記録がある。「行茶」というのは、粉末にした茶葉ではなく「引き出物」の意味である。『東大寺要録』には、「僧行基《ぎょうき》ありて徳行ともに高く、諸国に堂舎を建立すること四十九カ所、並びに茶木を植う、末世衆生済度のため也」とある。行基は諸国をめぐって六つの橋を架け、一五の池堤を築くなどの社会事業に活躍し、東大寺の大仏の造営に貢献した僧である。行基がどこで茶を栽培したかは明らかではないが、行基の頃から茶の栽培がはじまったのではないかと考えられている。八〇五（延暦《えんりゃく》二四）年には、越州《えつしゅう》の龍興寺《こうじ》で密教を学んだ留学僧の最澄《さいちょう》（伝教大師）も茶を持ち帰っている。

平安時代になると、宮中に典薬寮《てんやくりょう》が設けられて茶園を管理した。当時は宮中の儀式でも酒に代わって茶が出されるようになり、僧が読経したときにも茶を賜るようになっていた。当時は茶にショウガ、塩などで味をつけて飲んだようである。

栄西が伝えた緑茶と「茶寄合」

日本に中国の茶種と製茶法、喫茶法を伝え、のちの「茶道」の基盤を築いたのが南宋に留学した禅僧の栄西《えいさい》（一一四一―一二一五）である。禅の修行中に襲ってくる睡魔を退け、健康を増進するのによい飲み物として栄西が伝えた茶が、モダンな飲み物として広く民間で歓迎されたのである。唐の団茶《だんちゃ》（削って使う団子状に固めた茶）の時代は終わっており、栄西が訪れた南宋の飲茶法は臼《うす》でひいた抹茶《まっちゃ》になっていた。唐代の団茶式が緑茶の点茶式に変わっていたのである。抹茶では一定の作法が重んじられたことから、禅宗寺院の精神性を表現できる要素をもっていた。

備中《びっちゅう》（岡山県西部）出身の栄西は少年時代に比叡山《ひえいざん》で仏教を学び、二八歳のときに仏法を求めて南宋に渡った。一一六八年のことである。宋は一一二七年に金《きん》によって都の開封を陥落させられ都を臨安《りんあん》（現在の杭州《こうしゅう》）に移していたので、栄西の留学は混乱期にあたっていた。華北が異民族により占領されるという中国社会がゆれうごいたときだったのである。

栄西は、天台山《てんだいさん》、育王山《いくおうざん》などで仏法を学んだものの、きわめて短期間で留学を打ち切り帰朝した。一一八七年になると、四七歳の栄西は再び南宋に渡り、天童山《てんどうざん》で五年間禅を学び、茶、医薬を持参して宋船に便乗し平戸に戻っている。時に栄西五一歳であった。

栄西は持ち帰った茶を筑前《ちくぜん》（福岡県北西部）の脊振山《せふりさん》に植えたが、それが日本に茶が普及するきっかけになったという。栄西は一一九九（正治《しょうじ》元）年に鎌倉に下り、源頼家《みなもとのよりいえ》の帰依を受けた。翌年には寿福寺《じゅふくじ》を、二年後には京都に建仁寺《けんにんじ》を開き、禅と茶を広めた。鎌倉幕府の三代将軍、実朝《さねとも》は二日酔いを茶ですっきりさせたという逸話がのこされている。

七一歳になった栄西は、一二一一年に『喫茶養生記《きっさようじようき》』を著した。その著作の冒頭部分で栄西は、「茶は養生の仙薬、延齢の妙術なり。山谷にこれを生ずればその地神聖なり。人倫これをとればその人長命なり」と記している。

栄西から茶の種を得た京都栂尾《とがのお》の僧明恵《みようえ》は、山城や宇治などで熱心に茶の栽培に取り組んだ。それが宇治茶の発端である。

茶は禅僧のあいだでさかんに飲まれたが、やがて武家や公家のあいだにも喫茶の風が広がり、茶会の流行をみた。当時の茶会は宋で行われていた闘茶にならって茶の味の識別を争う遊びであり、酒宴をともなうものであった。

『喫茶往来《きっさおうらい》』によると、最初に酒を三献《こん》、次に簡単な料理と茶、山海の珍味とご飯、果物などを食べたあとで飲茶勝負を行い、そのあとに酒盛りを行ったという。

日本の「食」を変革した「茶の湯」

「茶の湯」には茶筅《ちやせん》で茶をたてる「抹茶」と、茶葉を急須《きゆうす》に入れて煎《い》り出す「煎茶《せんちや》」の二つの方法がある。「茶の湯」というと一般的には前者を指している。

抹茶の作法は鎌倉末期に禅僧により宋から伝来したが、そのときにはあまり普及しなかった。茶が京都近郊から東海地方という広い地域で栽培されるようになると、宋の

「闘茶」をまねた「茶寄合（茶かぶき）」という遊びが行われるようになり飲茶が流行した。茶寄合というのは、簡単な料理と酒を飲んだあとで、茶を味わって産地、銘柄をあて合う遊びをし、多くを言いあてた者が「賭け」物を手にするという遊びだった。「茶寄合」は、支配層の俗っぽい遊びだったのである。

しかし戦乱が都を荒廃させると、世を風靡《ふうび》するようになった無常観が「茶の湯」の姿を一変させた。一四六七年に起きた応仁の乱（―一四七七）が、京都を焼け野原に変え、絶望感が広がったのである。世の中は荒《すさ》び、精神的な風潮が広がるが、そうしたなかで茶寄合は後退し、喫茶と禅宗の精神性が接近することになったのである。

応仁の乱のさなか、八代将軍、足利義政は職を辞し、一四八二年から約七年をかけて臨済宗《りんざいしゅう》の慈照寺《じしょうじ》（通称は銀閣寺）を完成。閑雅を重んじる東山文化がおこった。その中心的位置を占めたのが、「茶の湯」なのである。

足利義政は東山でさかんに茶会を開き、「茶の湯」の流行の口火を切った。奈良の称《しょう》名寺《みょうじ》の僧、（村田）珠光《しゅこう》は義政の茶会に加わっていたが、やがて「茶の湯」を規範化して喫茶の作法（茶礼）を完成させた。四畳半の茶室を考案したのも珠光である。静寂枯淡を重んじる「東山殿の侘び茶」のはじまりである。

その後「茶の湯」は珠光の直系の弟子の武野紹鷗《たけのじょうおう》に引き継がれ、天正年間（一五七三―一五九二）にその弟子の千利休《せんのりきゅう》により大成された。今日の「茶の湯」である。利休は濃い茶をいきなり飲むのを避け、亭主が客人をもてなす懐石料理と「茶の湯」を結びつけた。「茶の湯」において、「点心（茶の子）」が重んじられることになる。

煎茶も抹茶とともに禅僧のあいだで飲まれたが、茶礼の形成はずっと遅れて江戸時代になった。江戸時代初期に京都に詩仙堂《しせんどう》を建てた石川丈山《いしかわじょうざん》や、煎茶の中興の祖とされる禅僧、売茶翁《ばいさおう》が出ることにより煎茶道が完成。今日の庶民喫茶の基盤が築かれたのである。

3　懐石料理と点心

「茶の湯」と結びついた懐石料理

八代将軍、足利義政の東山文化を代表する芸道として興った茶道は、飲茶を普及させただけではなく、懐石料理という新しい「食」の分野をおこした。「懐石」とは温めた石（温石《おんじゃく》）を懐に抱いて修行僧が腹を温めることからきており、質素な料理を指す。

懐石料理は、宋の文人、蘇東坡《そとうば》が仏印《ぶついん》禅師に「点心（食事がわりになる小食）」として懐石を供したことに起源をもつとされる禅宗寺院の簡素な料理で、禅僧により茶とともに日本にもたらされた。

　懐石料理は、もともとは一汁二菜、あるいは三菜という簡素な料理で、膳も足がつかない「折敷《おしき》」という質素な盆が使われた。しかし懐石料理が茶道に取り入れられると、簡素なだけではなく心のこもった凝った料理がつくられるようになる。

　禅宗料理はまったくの中国料理の移植であり、「三徳六味」が重視された。「三徳」とは、食味に関するもので軽軟、浄潔、加法を指し、「六味」とは、苦、酸、甘、辛、鹹《かん》、淡の六種の味を指す。味の組み合わせを重くみる中国の食の発想が取り入れられているのである。

　応仁の乱のあとの虚無感、無常観は、人びとに日常生活の見直しを迫った。打ち続く戦乱による苦難が、日常生活を味わうことの素晴らしさを教えたのである。料理でも視覚、臭覚、味覚、聴覚の洗練が重んじられるようになり、逃避的趣味がとり入れられた。見た目に美しく、味わって奇なるものが求められるようになったのである。懐石料理にも精進物だけではなく、魚、鳥が組み入れられるようになる。

　安土《あづち》桃山時代になると社会も様変わりし、台頭した新興勢力の武士のあいだに華美な「茶道」がステイタスとして流行した。懐石料理も多くの食材を贅沢《ぜいたく》にちりばめる大名料理にかわる。懐石料理は、脱皮を繰り返しながら日本料理の主流を占めるようになる。

　信長の時代に日本を訪れたイエズス会宣教師ルイス・フロイスは、『日本史』において懐石料理を次のように記している。

「日本はもののできない土地で、食物はけっして甘味とはいえないが、そのサーヴィス、秩序、清潔および器物はあらゆる賞賛に値する。これ以上の調った宴会は一寸比をみないだろうと思われた。食事中の人数多なるにかかわらず、侍者の話声ひとつ聞こえず、驚くべき静粛な調った宴会であった。」

ルイス・フロイスは、料理の中身よりも食事の形式に驚嘆しているのである。それにしても格式と秩序を重んじる食事は、楽しい食事の場になりえたのであろうか。

「点心」が日本の食習慣を変えた

古代の食事は、一日二食だった。貴族は昼頃に朝食、現在でいうと四時頃に夕食をとり、庶民も朝食と昼食だけで夕食がなかった。ところが、禅僧が伝えた懐石料理の「点心」の影響により貴族、武士のあいだに間食の習慣が広まり、やがて一日三食にかわっていく。

禅僧が日本に伝えた「点心」は、もともとは胸に点ずるという意味で、簡単な食事をすすめることを指したが、朝食前の空腹をいやすための小食の意味に変わり、元代になると間食を指すようになった。

『貞丈雑記《ていじょうざつき》』は、「朝夕の飯のあいだにうんどん又は餅《もち》などを食ふをいにしへは点心と云、今は中食《ちゅうじき》又むねやすめなどといふ」と記している。「中食」「むねやすめ」というかたちで、間食がとられるようになったのである。戦国時代に戦いに明け暮れる武士が体力をつけるために三食をとるようになったとする説もある。

点心は、懐石料理、茶の湯などと結びついて日本の食文化に大きな影響を与えただけでなく、うどん、そうめんなどの麺類、豆腐、麩《ふ》、まんじゅうなどの食品とともに庶民のあいだにも広まっていき、庶民の食文化に変革をもたらした。江戸時代の中期になるとナタネ油が安価に入手できるようになって夜も働けるようになり、庶民が夕食をとるのが普通になった。一日三食が一般化するのである。

4　大活躍する豆腐

チーズのコピー食品「豆腐」の浸透

懐石料理の主要な食材として日本にもち込まれ、やがて日本料理の中心に座るようになる食品が豆腐である。豆腐については、従来は前漢の創始者劉邦《りゅうほう》の孫で、『淮南子《えなんじ》』という著作を著したことで著名な淮南王の劉安《りゅうあん》が創始者であるとする説が一般的だった。

しかし、食文化研究家の篠田統氏は、この説を否定する。理由は、(1)『淮南子』には「肉屋の豆の汁」という言葉が「紺屋の白袴《しろばかま》」と同様の意味で使われているものの、「豆腐」の文字が出てこない、(2)「豆腐」という文字は五代の後晋《こうしん》から宋代のはじめに官吏になった陶穀《とうこく》の『清異録《しんいろく》』に出るのが初見、という二点である。そうした見地に立つと、奈良時代に豆腐が伝来したとする説は当然否定されることになる。

そこから篠田統氏は、世界史的な壮大なイメージの下で豆腐の誕生を推測する。つまり、魏晋南北朝から唐代にかけては、北方の遊牧民の支配が中国世界におよび、遊牧文化の強い影響下におかれた時代だったが、その際に遊牧民がヒツジやウシの乳によるチーズづくりを普及させた。乳を一定の条件の下で保存すると、乳糖が発酵して乳酸となり、乳酸が乳のなかのタンパク質を凝固させてチーズができる。それを中国人は「乳腐」と名づけた。唐代に乳製品が珍重されたことは、先に述べたとおりである。唐が衰退すると遊牧文化は後退し、中国の伝統文化が勢いをもりかえす。チーズを手に入れるのが困難になるのである。そこでなんとかチーズのコピー食品をつくろうという工夫がなされるようになった。

豆腐は、水に浸《つ》けたダイズをすり潰《つぶ》して煮たものをしぼって豆乳をつくり、さらにニガリ（塩化マグネシウム）、または石膏《せっこう》（硫酸カルシウム）を加えて凝固させてつくる。豆腐づくりの鍵は、ニガリあるいは石膏を加えるという発想にあった。そうした点について、阿部孤柳《あべこりゅう》、辻重光《つじしげみつ》氏の『とうふの本』は、豆乳に味をつけるために塩を振りかけてみると、一部凝固作用が起こり、ブョブョしたものができあがることに着目する。当時の塩は粗塩であり、いろいろな不純物を含んでいたのが幸いした。凝固《ぎようこ》の理由を考えているうちに製塩の副産物であるニガリ（海塩の場合）、石膏（岩塩）の存在に気づいたというのである。

日本の文献で「豆腐」の初出は、一一八三年の奈良、春日大社《かすがたいしや》の神主の日記であり、一四世紀になると豆腐に関する記事が激増すると篠田統氏は述べている。禅僧がもたらした精進料理と豆腐との関係は明らかである。

ちなみに豆腐の製造には水に浸けたダイズをすり潰す工程が重要な意味をもった。石臼《いしうす》の普及が前提になったのである。

豆腐とともに料理に利用されたのが、中国で豆腐皮《ドウフーピー》、油皮《イウピイ》といわれる湯葉《ゆば》だった。湯葉は豆乳を煮立てたときにできる上面の薄皮をすくいとったもので、京都でさかんにつくられ、精進料理の食材として利用された。しかし中国の豆腐製品の豆腐干《ドウフーガン》、腐乳《フールー》などは伝えられなかった。

豆腐料理が大変身したおでん

冬の庶民の味覚は、おでんである。おでんとは「田楽《でんがく》」を指す御所言葉で、「オデンガク」が略されて「デンガク」になったとされる。おでんという料理ができあがる「組み替え」のプロセスは、非常に面白い。

おでんの先祖になった田楽は、最初は豆腐料理だった。田楽は田楽焼き、あるいは田楽豆腐の略称であり、豆腐に味噌《みそ》をつけて焼いた料理だったのである。その料理名の起源になったのが、田植えの祭りのときに田楽法師が白袴《しろばかま》に黒や茶色の衣を着て「高足」という竹馬に乗って踊る姿だった。豆腐に長い串を刺して炉端などで焼く料理と田楽法師のかたちが似ていたのである。田楽は、田植えのときの芸能である。

田楽は、豆腐を長方形に切ったものを竹の串に刺して囲炉裏端《いろりばた》に立てて焼き、唐辛子味噌をつけて食べた。ちなみに魚に味噌を塗って焼いたものを「魚田《ぎょでん》」という。

田楽は間食、茶請けとして食べられていたが、江戸の寛永《かんえい》年間（一六二四―四四）になると茶店で売られるようになった。元禄時代になると大きな「組み替え」がなされ、田楽の主役の豆腐がコンニャクに代わり、コンニャク田楽が現れた。コンニャクを豆腐のようにあたためて味噌を塗って食べれば美味《おい》しいことがわかったのである。

そこから本格的な組み替えが、はじまった。コンニャクを串に刺して茹《ゆ》で、味噌を塗って食べるようになったのである。コンニャクの特性もあり、やがて「焼く」が「煮込む」に変わっていく。

文化《ぶんか》・文政《ぶんせい》・天保《てんぽう》（一八〇四―四四）頃になると、コンニャクとともに多くの具が加えられる煮込み田楽（略称「おでん」）がつくられるようになる。主な材料が豆腐からコンニャクに代わることによりいくつもの組み替えが行われて、田楽の原形が失われたのである。

しかし、当然のことながらドラスチックな変化がいっぺんに成し遂げられたわけではない。最初は焼き田楽といって、熱い石をあてて水分をとった熱いコンニャクに味噌をつけて食べたようである。

「煮込み田楽」は、田楽の「汁もの」化であった。味噌を使った味噌汁は室町時代から食べられるようになってはいたが、やがて醬油《しょうゆ》が普及するとすまし汁になった。こうした「汁もの」は多様な料理の基盤となり、安土桃山時代になるとダイコン、ゴボウ、豆腐、サトイモ、タケノコ、魚類を入れた「あつめ汁」がつくられるようになる。こうした「あつめ汁」とコンニャク田楽が組み合わされておでんになったのである。

江戸でおでんが売られていたことをいまに伝えるのが、幕末に寺門静軒《てらかどせいけん》が著した『江《え》戸《ど》繁昌記《はんじょうき》』である。それによると、愛宕山《あたごやま》周辺の盛り場で串に刺したイモ、豆腐などを鍋で煮込んだものを、一串四文で売る「四文屋」という店があったという。

煮込みおでんは純然たる江戸の庶民料理であり、従来の田楽とはまったく異なったことから関西では「関東だき」と呼んで区別した。しかしおでんは、やがて関西でいろいろな具が加えられる座敷料理になり、それが一九二三（大正一二）年の関東大震災以後に東京に戻り、流行したとされている。オデンガクからおでんへの道には、たいへんな紆余《うよ》曲折《きよくせつ》があったのである。「組み替え」が、料理を変形させていく面白い例である。

懐石料理で重用された「麩《ふ》」

「麩」は豆腐とともに、中国料理から懐石料理に移植された食材だった。「麩」という読みは漢音であり、中国語がそのまま食材名になっている。そうしたことからもわかるように、「麩」は禅宗寺院経由で民間に普及した中国伝来のモダンな食材だったのである。

新来のコムギ粉の加工品「麩」の製法は、次のようになる。コムギ粉に一パーセントの塩を加えて生地をこね、布袋に入れて水中でもみ洗いすると、デンプンが分離してネバネバしたタンパク質（グルテン）がのこる。それを蒸したのが「生麩」であり、つなぎの粉を合わせて焼いたのが日もちのする「焼き麩」である。

唐代の中国には油で加工した「麵筋《めんきん》」という食材があったが、それが精進料理に組み込まれて変質したのが「麩」だとされる。室町時代に「麩」の製法が日本にもたらされ、懐石料理に組み込まれた。「麩」は、奈良、平安期に日本に伝えられたとする説、鎌倉時代に精進料理で使われていたという説もある。

「麩」は、民間では精進用の食材と考えられ、最初は仏事にしか用いられなかった。しかし、しだいに貯蔵にすぐれているという特性が認められ、豆乳を煮立てたときに上面にできる薄皮の湯葉、凍り豆腐、干し椎茸《しいたけ》とともに「乾物の四天王」とみなされるようになった。

江戸時代中期の『和漢三才図会《わかんさんさいずえ》』は「麩」の効用について、解熱作用、虫下しの効能があるが、消化がよくないので胃腸の弱い人には向かないと述べている。「麩」の名産地は禅宗寺院が多い京都だが、とくに一四世紀初頭に開かれた臨済宗大徳寺派の総本山である大徳寺の大徳寺麩が有名である。

5　味噌汁とゴマ

味噌汁の具はツルが第一

味噌は古い調味料であり、平安時代からすでに用いられていた。承平《じょうへい》年間（九三一—三八）に著された『和名類聚抄《わみょうるいじゅしょう》』（源 順《みなもとのしたごう》著）は、「未醤《みそ》は、高麗醤《こまびしお》ともいい、美蘇《みそ》のことである。俗に味醤の字を用いる。本来は末醤といったが、末は擣末（ついた粉）の意味である。末を訛って未とし、未を転じて味としたのである」としている。

味噌は醤《ジャン》の一種で、コメ、ムギを原料とする中国系の唐醤、ダイズを原料とする高麗醤があったが、いずれも食品につけて食べるのが主な使い方だった。

やがて味噌づくりは、広く民間に普及していく。自分を褒《ほ》めることを「手前味噌」というが、その言葉は「自分の家でつくった味噌を自慢する」ことからきている。そうした言葉からもわかるようにコウジさえあれば味噌の製造は簡単であり、地域や家で固有の味噌をつくることができた。味噌が生活に浸透すると、「味噌汁」が好んで飲まれるようになる。味噌が調味料として位置づけられるようになるのである。

「味噌汁」が飲まれるようになるのは室町時代で、懐石料理の影響が強いとされる。質素を旨とする懐石料理では、味噌が貴重な食材として再評価されたのである。「味噌汁」の丁寧語は「おみおつけ」である。「お」と「み」はともに接頭語であり、ご飯につけることから「おつけ」といわれるようになった。一説では、「おみ」は味噌を丁寧にいう近世の女性語からきているともいう。

ところで室町時代の味噌汁の具としていちばんもてはやされたのが、ツル、カモ、アオサギ、ウズラなどの鳥、ムジナ（タヌキ）、納豆、キクの葉などだった。うまくなった味噌を利用することで、自然界に存在する豊富な食材が料理に取り込まれるようになったのである。

面白いことに、最良の「味噌汁」とされたのは、味噌仕立てにしてウドなどを加え、匂いを消すためにユズを吸い口としたツル汁であった。ツルが味噌汁の最高の具とされたのである。

料理のスタイルとして汎用性が高い「味噌汁」は、その簡便さがウケて庶民の食卓に深く浸透し、汁ものを重んじる日本の代表的な料理になった。

江戸時代になると庶民のあいだにも「味噌汁」が普及し、朝食の「味噌汁」が貴重なエネルギー源になった。「味噌汁」の呼び名の「おみおつけ」は「御御御つけ」で、丁寧語をつくる「御」を三つも重ねている。庶民にとってありがたい料理だったのである。

谷崎潤一郎《たにざきじゅんいちろう》の『陰翳礼讃《いんえいらいさん》』は、味噌汁について次のように記している。

「たとえばわれわれが毎朝食べる赤味噌の汁なども、あの色を考えると、昔の薄暗い家の中で発達したものであることがわかる。私はある茶会に呼ばれて味噌汁を出されたことがあったが、いつもはなんでもなく食べていたあのどろどろの赤土色をした汁が、覚《おぼ》束《つか》ない蠟燭《ろうそく》のあかりの下で、黒うるしの椀《わん》に澱《よど》んでいるのを見ると、じつに深みのある、うまそうな色をしているのであった。」

ゴマは精進料理とともに

日本料理は、伝統的に「水」をベースとした。それに対して中国料理のベースは油である。禅宗寺院で懐石料理として精進料理が取り入れられるようになると、食用油がさかんに使われ、ゴマ、ナタネ、ダイズ、カヤ、ツバキが油の原料になった。植物性の食材を使うカロリーの低い精進料理では、油がエネルギー源として欠かせなかったのである。

ゴマの原産地は、アフリカである。中国では、前漢の武帝の時代に西域に派遣された張騫《ちょうけん》が大宛《だいえん》（フェルガーナ）から持ち帰ったとされる。ゴマは「胡麻」と書くが、「胡《こ》」は中国の北方の地域であり、北方からもたらされた麻のような植物の意味になる。ゴマは宋代になると、健康食材としてもてはやされた。宋を代表する文人の蘇東坡は黒ゴマを毎日食べれば長寿が得られ、若返りに効果があると述べている。そうしたこともあり、禅宗寺院でもさかんにゴマが使われたのである。

ゴマ油をつくるには、ゴマをすり潰《つぶ》すためのすりこぎとすり鉢が必要だった。すりこぎとすり鉢は、一四世紀の前半に中国から日本の禅宗寺院にもたらされたと考えられている。他人に気に入られるように振る舞って自分の利益を得ようとすることを「ゴマスリ」というが、それに坊主をつけて「ゴマスリ坊主」という言葉もある。そうした言葉は、ゴマをする文化が禅宗寺院からはじまったことを物語っている。

アフリカ起源のゴマ

西アフリカのニジェール川流域のサヴァンナ地帯で栽培された「ゴマ」（英語でセサミ

sesame、フランス語でセザム sésame)」は、多くの交易路をたどりユーラシア中に広まった。あまり知られていないが、ゴマはアフリカ起源の植物なのである。

ゴマは、最初は穀物の一種とみなされ葉も食用にされていたが、のちには炒《い》ったあと、リノール酸を多く含みタンパク質も豊富で、含油率四〇から五五パーセントの最上質の油（ゴマ油）を搾るために用いられるようになった。ゴマ油は、栄養があり、酸化しにくく、コシが強く、香りがよく、精製しやすいなど数々の長所をもつ貴重な食材である。現在の日本でも、たいへんなセサミ・ブームである。

ゴマはきわめて古い時代に西アジア、インドに伝播《でんぱ》した。英語 sesame の語源は、メソポタミアを最初に統一したアッシリアの言葉、サムスサム（samssamu）から派生したギリシア語のセサミ（sēsamon, sēsamē）に由来する。早くも、古代エジプトには、ゴマ菓子があったとされ、インダス文明でもゴマが食用とされていたようである。意外なことにゴマ油は皮膚をなめらかにする性質をもっているところから、香料を溶かすための油としても用いられた。ローマのカエサルとアントニウスの両傑を手玉にとったエジプトのクレオパトラ（前六九―前三〇）は、全身にゴマ油を塗ってなめらかな肌を保ったといわれる。現在でも、白ゴマの白絞油《しらしめ》は整髪料として使われている。

6 醬油とコンブと鰹節

味噌づくりの副産物「醤油」

醤油《しょうゆ》は、味噌から派生した調味料である。「油」の字義は「液体」なので、液体の醤《ジャン》とみなしてもよい。初期の醤油はダイズを煮て、その煮汁を弱火で煮詰めて濃縮した調味料だったらしい。

中国では後漢末から宋代にかけて醤油が「醤清《ジャンチン》」、「醤汁《ジャンジィ》」と呼ばれ、味噌から染み出した汁を指した。醤油は、あくまでも味噌をつくる際の副産物だったのである。中国で醤油が独立した調味料とみなされるようになるのは、明・清代のことである。

日本の醤油の起こりは、醤油の別名が「たまり」であることから、「溜《たま》り醤油」にあるとみなされている。鎌倉後期の一二五四年、宋で修業していた信州の禅僧、覚心が浙《せっ》江《こう》の名刹《めいさつ》、径山寺《きんざんじ》から径山寺（金山寺）味噌の製法をもたらした。炒りダイズとオオムギコウジ、食塩、細かく刻んだ塩漬けウリ、ナス、アサの実、シソ、ショウガなどを加え、一〇か月程度、熟成させた味噌である。

覚心が紀州の湯浅《ゆあさ》で村人に味噌の製法を教えた際に、偶然樽《たる》の底に溜った汁がとてもうまいことがわかり、それが「溜り醤油」をつくるきっかけになった。溜り醤油は、現在でも愛知、三重、岐阜の三県で生産されている。醤をつくり、それをしぼって本格的な醤油がつくられるようになるのは戦国時代の中期とされる。

醤油が最初に登場する文献は、一五九七（慶長二）年の『易林本節用集《えきりんぼんせつようしゅう》』である。市場がさかんに開かれるようになり、経済の成長がみられた室町時代に醤油の醸造技術が磨かれ、日常生活に浸透していったと考えられる。

醤油が普及するにつれて、魚の食べ方にも変化が表れた。古代の魚の身を細く切る鱠《なます》が、太く身を切る刺し身に変わるのである。ちなみに鱠のナマは「生」、スは「醋《す》」で、生魚の肉を細く切って酢で食べる料理だった。

「刺し身」の出現により魚肉の切り方が変わっただけではなく、醤油を使うことにより生の魚肉のうまさが味わえるようになった。塩味の醤油を使うことで、魚本来の味を引き出したのである。日本固有の醤油を主体とする「食」文化の誕生である。ちなみに刺し身が、文献上にはじめて登場するのは、室町時代の一四四八（文安《ぶんあん》五）年のことである。

刺し身文化の勃興

日本でも鎌倉時代までは、川魚が海の魚よりも上質の食材として評価されていた。たとえば、吉田兼好《よしだけんこう》の『徒然草《つれづれぐさ》』に鯉《こい》の羹《あつもの》についての記述があるように、鯉がすぐれた食材と考えられていたようである。鯉に代わり鯛がもっとも珍重されるようになるのは、近世以降のことになる。

日本料理は「見る」要素が大きな比重を占めるとよくいわれるが、繊細で多様な魚の刺し身を引き立たせるための包丁さばきが多彩になり、「切る」技術が発達したのである。ちなみに刺し身が出現した室町時代以前は、中国と同様に生の魚は酢で食べられていた。美しく切り分けられた刺し身自体は、「つくり身」と呼ばれるようになる。現在でも関西では、刺し身のことを「お造り」というが、それは元来の呼び名を示している。単純な料理のようにみえる刺し身だが、醬油、ダイコン・海草類なども大切で、皿の後ろに高く盛りつける「けん」、横に添える「つま」、辛みを出す「わさび」などが加わることで、料理としてのバランスが創造されたのである。

やがて、多種類の「つくり身」がつくられるようになると、尾鰭《おひれ》を「つくり身」に差して魚の種類がわかるようにした。そこから、「刺し身」の呼び名が生まれたといわれる。もっとも、「つくり身」をつくる際に用いた細みの包丁を「刺刀《さすが》」といったことに由来するという説もある。

江戸時代中期の江戸の町では、上流層は刺し身を食べず、庶民が刺し身にしたのもカツオ、ヒラメ、フグにすぎなかったというから、刺し身の普及には多くの時間がかかったようである。

日本の味をつくった鰹節とコンブ

今日の日本料理の出汁《だし》の基本は鰹節《かつおぶし》とコンブの組み合わせである。グルタミン酸とイノシン酸が結合することで味の相乗効果が生み出され、絶妙な日本の味を演出しているのである。こうした日本の味のベースが姿を現したのも、室町時代だった。鎌倉時代とは比較にならないくらいの贅沢《ぜいたく》な本膳料理が、将軍をはじめとする支配層の食事として登場する。

鎌倉時代と室町時代の料理の違いは、出汁取りの違いにあった。その違いを演出したのがコンブと鰹節である。

室町時代には蝦夷地《えぞち》（北海道）との交流がさかんになって、コンブが京都にもかなり大量に出回り、味付けの新たな土台になった。昆布はヒロメ（広布）とかエビスメ（夷布）、つまり蝦夷地の海草と呼ばれた。「コンブ」という呼び名は、アイヌ語に由来するが、平安時代から使われたとされる。

カツオは、黒潮に乗って太平洋岸を北上する魚で、古くから乾燥させて乾物として利用された。『延喜式《えんぎしき》』では、紀伊、志摩《しま》、駿河《するが》、伊豆《いず》、相模《さがみ》、安房《あわ》、土佐《とさ》、豊後《ぶんご》、日向《ひゅうが》から都に献上されている。『大宝令《たいほうりょう》』や『延喜式』では乾カツオが、「堅魚《かたうお》」の名で登場する。カタウオの「カタ」は、頑《かたく》なの意味である。このカタウオの略称がカツオということになる。

「旬」の食材はとれる時期が限られており、傷みが早いために保存法の開発が悩ましい問題になった。カツオはコチコチに乾燥させることで、すぐれた保存食品になった。カツオはもともと、コチコチに乾燥させた魚の意味である。堅く干して保存するのはカツオだけではなくサケも同じであった。北海道にはアイヌ文化を継承したサケを乾燥させるトバが、すぐれた乾燥食材としていまもさかんに食べられている。

タンパク質の不足する内陸部への輸送という面でも、乾燥したカツオはとても便利だった。奈良時代になると、カツオの身を煮てから干すという鰹節の原形がつくられ、煮《に》堅魚《かたうお》、堅魚煎汁《かたうおいろり》などが『延喜式』に登場する。ところが平安時代になると、カツオの情報が途切れてしまう。カツオは貴族の食卓にはのぼらなかったようである。

室町時代になると、鰹節という呼び名が久方ぶりに登場する。その名の由来は、カツオを「いぶす」から、節どりしてつくることによる、などの諸説がある。戦国時代になると、カツオは「勝魚」と当て字されて縁起のよい保存食品として武士に好まれ、梅干しとともに重要な兵糧になった。飢饉《ききん》に備える食品としても役に立ったようである。

鰹節が本格的に調味料として重用されるようになるのは、江戸時代である。鰹節づくりに取り組んだのは、当然のことながらカツオをよく知る漁師だった。記録によると、一六七四年に紀州の漁師、甚太郎《じんたろう》が土佐の近海でとったカツオを、土佐の宇佐浦《うさうら》で加工したのが最初で、土佐の与市《よいち》が改良を加えて現在の鰹節の製造法を生み出したとされる。やはり、カツオはいまも昔も高知なのである。

7　点心にルーツをもつお好み焼きとまんじゅう

クレープに起源をもつお好み焼き

千利休が「茶の湯」を大成したときに、点心（茶の子）として重用したのが、「麩《ふ》の焼き」であった。面白いことに「茶の湯」で重んじられた「麩の焼き」が、「組み替え」により現在の庶民料理の「お好み焼き」になったという説がある。もっとも鎌倉時代の巻餅焼きを「お好み焼き」の祖先とする説もある。

コムギ粉を水で溶いて生地をつくり、焼いた鍋の上に薄く延ばし最中《もなか》の皮のように薄く延ばして、味噌を塗りクルクルと巻いた春巻きのような細長い食品が「麩の焼き」である。いわば、和製のクレープのようなものである。千利休は、この「麩の焼き」がことのほか好きだったようで、『利休百会記《りきゅうひゃっかいき》』という書によると、八八回の茶会のうち「麩の焼き」が六八回も登場しており、ほかの菓子を圧している。

江戸時代になると、餡《あん》を「麩の焼き」でくるんだ「助惣焼き《すけそう》」が売りに出され、江戸の名物菓子になった。他方で文字焼き《もんじ》も流行する。現在の「もんじゃ焼き」は、この文字焼きが転じたものである。

明治から大正期には、「文字焼き」は「どんどん焼き」になった。こうした平焼きは、庶民のあいだで大流行した遊びをともなう料理であり、ゲーム性があることから大人も子供も楽しんで食べた。

世界恐慌が波及し、満州事変が起きた昭和六年から七年頃の暗い時代に、どんどん焼きは東京で花柳界の遊びとして大流行した。一尺四方の鉄板、炭火の焼き台が用意されて、さまざまな具をのせて楽しんだ。庶民の料理「お好み焼き」は、不況下の東京で誕生したのである。

第二次世界大戦後、それが大阪商人の目にとまり、大阪に移植された。「お好み焼き」は大阪の風土にあったらしく、庶民料理として大流行し、すっかり大阪の料理になってしまった。さらに「お好み焼き」は広島などにも伝えられてボリュームを増すことになった。「お好み焼き」は関西に戻って庶民料理として定着したのである。

東京の「もんじゃ焼き」も、朝鮮戦争の頃に復活。関東風が生地に具を混ぜ合わせるのに対し、関西風は生地の上に豊富な具をのせるところに特色がある。

まんじゅうと『三国志』の諸葛孔明

禅僧が、「点心（茶の子）」のひとつとして宋から日本に伝えた代表的な菓子が、「饅《まん》頭《じゅう》」である。「曼」が「覆う」という意味であるように、まんじゅうでは具を包むコムギの皮が大きな意味をもった。まんじゅうも禅僧によりもたらされたコムギ文化の食品なのである。

まんじゅうの起源は古く、『三国志《さんごくし》』で有名な諸葛孔明《しょかつこうめい》と関係があるとされる。蜀《しょく》の諸葛孔明が孟獲《もうかく》を討って凱旋《がいせん》する途中で突然に大風が吹き狂って河を渡ることができなくなった。困った孔明が土地の者に聞くと、水神の怒りを解くには生《い》け贄《にえ》を捧げるしかなく、四九人の首が必要だという。それを聞いた諸葛孔明は人の命は犠牲にできないとして、ヒツジとブタの肉を細かく切りコムギをこねてつくった皮で包み、水神に祈りを捧げたあと、まんじゅうを川に投げ入れた。そうすると嵐が収まり、渡河できたという故事がある。

そうしたことからまんじゅうは、最初「饅首」と記されていたが、やがて「首」と同じ「頭」の字を用いるようになった。

コムギ食品には、コムギの生地（ドウ）を発酵させるものと、発酵させないものがある。ヨーロッパのパンは生地を発酵させてつくる。中国でも、しだいにまんじゅうの生地に、餅《へい》（麹《きく》）というコウジを加えて発酵させたあとで「蒸す」、まんじゅうがつくられるようになった。あり合わせのコウジを結びつけた「組み替え」である。

日本のまんじゅうは、日本酒の醸造に使うバラコウジ（散麹）を使った。バラコウジとは、蒸したコメを室に入れてコウジカビを生えさせたコウジである。

まんじゅうの由来には二説あるが、いずれも中国に留学した禅僧と深くかかわっている。一つの説は一二四一年に宋から帰国した聖一《しょういち》国師とする説である。聖一国師は、宋に留学して麺《めん》類、茶、饅頭《まんとう》などを日本にもたらした。肉のかわりにあんを使うまんじゅうをつくる技術は、国師が博多で茶屋の主人に伝えたことから広まったとされる。全国に広がった虎屋《とらや》系のまんじゅうである。

また南北朝初期の一三四九年に京都建仁寺《けんにんじ》の龍山《りゅうざん》禅師が中国留学から戻った際に仏弟子の林浄因《りんじょういん》をともなったが、その林が最初にまんじゅうをつくったという説もある。林は、臨済宗の総本山に留学した龍山禅師とつながりのある知識人だが、おそらくモンゴル人の支配に嫌気がさして日本に渡ったと考えられる。彼は奈良に住み着くと、日本人の女性と結婚してまんじゅうをつくった。それが奈良まんじゅうの走りとされる。

のちに林の子孫が菓子づくりを研究するために明に渡り、帰国後三河《みかわ》国の塩瀬《しおぜ》村に住んだが、やがて京に上がって京都の烏丸《からすま》でまんじゅう屋となった。それが「塩瀬まんじゅう」の起こりである。まんじゅうは最初は塩味が主で食事の際の「おかず」とされ、現在のまんじゅうのように甘いものではなかった。塩瀬はやがて江戸の霊岸島《れいがんじま》に店を開き、明暦・万治《まんじ》頃（一六五五―六一）になると、まんじゅうのなかに餡を入れるようになった。まんじゅうは江戸でさかんに食べられたが、有名になったのは伝馬《てんま》町の塩瀬《しおせ》まんじゅうと本町《ほんちょう》の鳥飼和泉《とりかいいずみ》まんじゅうで、ともに皮が薄く、餡が多いことで有名だった。

林浄因は死後に浄因命と呼ばれ菓祖神として尊崇されている。

8　羊羹とういろうの面白いルーツ

羊羹のルーツは羊肉

室町時代には、禅宗を通じて多くの点心が日本に入って来た。『庭訓往来《ていきんおうらい》』には三〇種類の点心《てんしん》が登場するが、羊羹《ようかん》、猪羹《ちょかん》、驢腸羹《ろちょうかん》、月鼠《げっそ》羹《かん》、駱駝蹄《らくだてい》など、ヒツジ、イノシシ、ロバ、ネズミ、ラクダなどの動物名をもつ点心もある。これらの点心は、最初は動物の肉を使っていたものがアズキなどの植物で代用する食品に変わったと推測されている。

日本を代表する菓子のひとつ羊羹の原形は、文字どおりに解釈すれば、羊肉を具とする羹《あつもの》（汁もの）だった。『唐書《とうじょ》』に「洛陽《らくよう》の人家、重陽《ちょうよう》に羊肝餅をつくる」とあるので、唐代にはキクの花を愛《め》でる重陽の節句に羊肝餅が食べられたようである。羊肝餅や羊羹の実態は不明だが、唐では遊牧文化の影響で羊の肉や肝が珍重されていたので羊肉が食べられたのであろうが、やがてそれがほかの食材により代用されるようになった。

禅僧を通じて日本に入ってきた羊羹は、植物の材料を使ってヒツジの肉のかたちに丸めてつくった蒸し物だったと考えられる。日本では、アズキの粉、ヤマイモ、コムギ粉、クズ粉、砂糖が原料とされた。

室町時代に茶道がさかんになると、羊羹は茶道の茶菓子「点心」として使われるようになった。蒸し物が珍重されたのである。安土桃山時代には、練り羊羹が工夫されるようになる。一五八九（天正一七）年、京都伏見《ふしみ》の駿河屋岡本善右衛門がアズキと寒天と砂糖を原料にして練り羊羹を考え出した。

江戸時代になると赤アズキにコムギ粉を混ぜ、砂糖の煮汁で練り、蒸し籠《かご》にかけ、色をつける蒸し羊羹がつくられた。田沼時代には、贅沢な蒸し羊羹もつくられることになる。蒸し羊羹は甘みが少なく、日もちもしないために、やがて練り羊羹がさかんにつくられるようになる。練り羊羹は、一七八九―九二年頃（寛政《かんせい》初期）に日本橋式部小路《にほんばししきぶこうじ》に住む喜太郎という菓子職人がはじめてつくったといわれる。

やがて練り羊羹は、コムギ粉の代わりに寒天を加えて型に入れて固めるようになった。羊羹を一棹《さお》、二棹と呼ぶのは、船型の枠に入れてつくった羊羹を細長く切ったためである。

「ういろう」のルーツは消臭剤

ういろう（外郎《ういろう》）はコメの粉と黒砂糖を原料とする黒色の蒸し羊羹で、中国から日本に渡来した役人がつくった冠の髪の匂いを消す外郎薬《ういろうぐすり》の透頂香《とうちんこう》と同じような色と香りをしていたので「ういろう」と呼ばれるようになった。宋音で「外」は「ウィ」と読むので、「ういろう」になる。外郎はもともと中国の正員以外の官職名で、員外郎《いんがいろう》とも呼ばれた。

応安《おうあん》年間（一三六八—七五）に元の遺臣だった員外郎の陳延祐《ちんえんゆう》が日本に亡命して透頂香をもたらしたという言い伝えがある。この時期は、反モンゴルの紅巾《こうきん》の乱から身を起こした朱元璋《しゅげんしょう》が、一三六八年にモンゴル人を倒して明を建国するという東アジアの激動期であった。ユーラシアを支配してきたモンゴル帝国の倒壊による東アジアの大変動が起こったのである。そうした時代の激浪がもたらしたのが、「外郎薬」ということになる。

「透頂香」は、もともとは公家が冠の中に入れてむれた髪の匂いを消すものだった。最初は不快な匂いを消す香料だったが、やがて頭痛を治し胃熱を取り、口中を爽《さわ》やかにする薬とみなされるようになった。

陳延祐の子の大年宗奇《たいねんそうき》は室町幕府の三代将軍の足利義満に招かれて「外郎」をつくるが、それを小田原《おだわら》の北条氏綱《ほうじょううじつな》に献上し江戸時代になると小田原名物となった。

蒸し菓子の「ういろう」の起源については不明確だが、各地でつくられ、とくに山口のものが有名になり、のちに名古屋にも伝えられて名物になったとされる。やがて白砂糖を使うようになって黒色ではなくなったが、そのまま昔の名前が踏襲されている。名古屋の「小倉ういろう」を売る餅文《もちぶん》という店は、一六五九(万治二)年の創業とされる。

9 「お酒」の大躍進

諸白と三段仕込み

鎌倉時代になると商品取引の場の「市」が成長し、幕府や寺院から認可された「酒屋」が、酒の製造にあたった。室町時代には酒屋の数が増え、酒屋にかける税が、幕府の重要財源になった。飲酒と酒の売買が民間に広がったのである。

室町時代には、中世ヨーロッパでワイン醸造の技術が修道院で洗練化されていったように、寺院の僧坊で新しい酒づくりの技術が開発されていった。絹ぶるいでこした諸白《もろはく》(澄んだ清酒)造り、三段仕込みなどの新しい技術の開発が進められたのである。

一四七八(文明《ぶんめい》一〇)年から約一四〇年間の醸造に関する記録『多聞院日記《たもんいんにっき》』には、英俊《えいしゅん》などの僧が奈良興福寺《こうふくじ》の塔頭《たっちゅう》のひとつ「多聞院」での酒づくりを記録したのだが、冬に醸造した夏酒の火落ち(腐敗)を防止するために、「酒を煮る」こと、つまり「火入れ」をし発酵を停止させるための技術の「火入れ」がなされたことが記されている。

この技術は、たいへんに注目される。ヨーロッパでは一九世紀後半にパストゥールが低温殺菌法を開発して、ビール、ワインの大量製造がはじめて可能になったが、日本ではすでに室町時代にそうした殺菌技術が経験的に開発されていたということになるのである。

泡盛と琉球の大交易時代

日本に蒸留酒が伝播《でんぱ》した経緯には諸説があるが、一五世紀中頃に交易先のタイ(シャム)のアユタヤ朝から琉球《りゅうきゅう》(沖縄)に伝播したとする説が一般的である。現在でも、沖縄の焼酎《しょうちゅう》「泡盛《あわもり》」がタイ米を主な原料にし、カビの一種の黒麹菌《くろこうじ》を使ってつくるモロミを蒸溜した酒であることが、それを物語っている。

琉球とタイがどうして結びつくのかはわかりにくいが、琉球王朝による東南アジア諸地域との活発な交易活動が蒸留技術の伝来の背景になっている。琉球の大交易時代である。

モンゴル帝国の時代には、ユーラシア規模で陸・海の交易ネットワークが結びつき、海上では中国商人の積極的な活動がみられた。中国商人は、インド、ペルシア湾にいたる広大な海域で活躍したのである。

ところがモンゴル勢力が後退したのちに成立した明は、中華帝国の秩序を再編するために、海の世界からの後退を決意した。明は、勘合貿易により海外貿易を政治的に統制し、海禁政策により民間商人の海外貿易を禁止するという思い切った政策転換を行った。大量に流入していたインド、東南アジアの香辛料、香木がストップしてしまったのである。

そこで、明の三代皇帝永楽帝《えいらく》は、イスラーム教徒の宦官《かんがん》、鄭和《ていわ》に二万七〇〇〇人が乗り組む大艦隊を率いさせ、インド、西アジアに派遣して大規模な官営貿易を行わせた。しかし、膨大な出費をともなう官営貿易は行き詰まり、明は琉球を利用する政策に転じることになる。琉球に貿易船を無償で供与し、多くの福建人《ふっけん》を移住させ、勘合符なしに自由に明の港に出入りできる特権を与えたのである。

そうしたことから、一五世紀中頃から一六世紀初頭にかけて、琉球が東南アジア、明、日本、朝鮮をつなぐ、東アジアの貿易のセンターとして成長した。

タイから伝えられた蒸留技術

当時、東南アジアの交易センター、マラッカとともにタイのアユタヤ朝も熱心に海外貿易を推進しており、イスラーム世界からタイに伝播していたアランビクと蒸留酒の製造技法が琉球に伝えられて「泡盛」となったようである。ポルトガル人の文献にも、東南アジア交易で活躍していた琉球人は、「レケオ」の名で登場する。

琉球に伝えられた蒸溜器「アランビク」は、サツマイモなどとともに薩摩《さつま》（鹿児島）に伝えられた。一五四三年の鉄砲伝来から三年後に薩摩を訪れたポルトガル人のジョルジュ・アルバレスは、薩摩にコメの焼酎があると書き留めている。

琉球の焼酎はタイ米から離れることができず、あくまで伝統的な製法を固守した。現在でも泡盛は、タイ米による製造が望ましいとされている。

しかし、タイ米を原料として確保するのがむずかしかった薩摩では、火山灰地で大量に生産できるサツマイモを蒸して醸造し、焼酎の原料とするイモ焼酎が考え出された。薩摩を訪れたことがある橘南谿《たちばななんけい》の『西遊記』（一七九五）には、「薩摩は琉球芋でも酒をつくるなり。味甚だ美なり。からんいも焼酎という」と記されており、一八世紀末にはすでに薩摩焼酎がつくられていたことがわかる。それ以降焼酎は、ムギ、ソバ、黒砂糖など多様な原料を利用する時代に入っていく。

江戸時代になると、焼酎は全国に広がった。焼酎が「アラキ」「荒木酒《あらきしゅ》」と呼ばれるのは、西アジア、インド、東南アジアの「アラック」と同じ呼称であり、イスラーム世界からの蒸留技術が琉球を通って、日本列島にいたったことを物語っている。世界史の大きなうねりが、日本列島にまで到達したのである。

また、蒸溜器は「羅牟比岐《らむびき》」「蘭引《らんびき》」と呼ばれるが、この語がアラビア語の「アランビク」からきていることは、いうまでもない。

第四章　ポルトガルとオランダが運んだ「食」

I　ポルトガル人が運んだ食文化

食の大交流と「運び屋」となったポルトガル人

地球の表面の七割は海であり、その大部分は大西洋、太平洋、インド洋という大洋（オーシャン）が占める。大洋にネットワークがつくられ、大西洋を媒介にして地球規模の交易が行われるようになる一五世紀から一六世紀は「大航海時代」と呼ばれる。

大規模な交易は、モノの大交流をともなった。「新大陸」起源のトウモロコシ、ジャガイモ、サツマイモ、キャッサバ、カボチャ、トマト、インゲンマメ、ピーナッツ、トウガラシ、ピーマン、カカオ、パイナップル、パパイヤ、アボカド、パプリカ、バニラ、ヒマワリ、シチメンチョウなどがヨーロッパ、アジア、アフリカに移植され、逆に「旧大陸」のムギ、コメ、コーヒー、オリーブ、ウシ、ブタ、ヒツジなどが「新大陸」に移植された。それは長い歳月をかけてつくりあげられてきた、地球の生態系を変化させるほどであった。

そうしたなかでヨーロッパ諸国は、大西洋、「新大陸」をむすぶ海の大商業網をつくり上げることにより急成長を遂げた。一五、一六世紀のスペイン・ポルトガル、一七世紀前半のオランダ、一七世紀後半以降のイギリスというように海の覇権国家が移り変わっていく。

当時の日本は世界有数の銀産国であり、銀を求めるポルトガル商人、オランダ商人などにより、「大航海時代」の波動はじかに日本にもおよんだ。ポルトガル船、スペイン船、オランダ船の入港により日本の「食」は大きく変わっていく。

「大航海時代」に最初に日本に地球上を往来した食品群を伝えたのは、ポルトガル人だった。ポルトガルのエンリケ航海王子は、アフリカ内陸部に存在すると考えられた聖ヨハネの国（プレスター・ジョンの国）と提携してモロッコのイスラーム教徒と戦い、西スーダンとの海からの黄金取引をめざしてアフリカ西岸の組織的探検を進めた。

彼は、イタリア人やイスラーム教徒のすぐれた航海技術を吸収し、探検事業を組織した。アフリカの西岸に航路が開かれ、彼の死後の一四八八年になるとバルトロメウ・ディアスが喜望峰《きぼうほう》に達する。

一〇年後、ヴァスコ・ダ・ガマの艦隊は喜望峰を越えてアフリカ東岸を北上。アラブ人の水先案内人のみちびきでインド西岸の大貿易港カリカットにいたった。艦隊がもたらした産地直送のコショウは、航海費用の六〇倍の富をポルトガル王室にもたらした。ポルトガル王はインド貿易を国営とし、インド西岸のゴア、マラッカ海峡に面した東南アジアの交易センター、マラッカに拠点を築き、東アジア海域にも進出して一五四〇年代には豊かな銀産国の日本との交易を開始する。

東アジアの密貿易時代と「銀の国」日本

ポルトガル人が東アジア海域におよんだ一六世紀は、明《みん》の貿易統制が破綻《はたん》をきたした時期だった。モンゴル人の圧力が強まり、沿海部の密貿易の取り締まりがゆるんだのである。

一四四九年の土木堡《どぼくほ》の戦いで英宗《えいそう》がオイラート部のエセン・ハーンの捕虜となった事件(土木の変)に象徴されるように、北のモンゴル人の脅威が強まり(北虜)、明は巨費をかけ北方の防備にあたらなければならなくなった。一六世紀になると、明は現在ものこされている石造りの長大な「万里の長城」の築造に乗り出すなど北辺の防備に追われ、取り締まりが甘くなった福建《ふっけん》、広東《かんとん》などで密貿易が公然化した。

日本では、一五二六年に博多の豪商、神谷寿禎《かみやじゅてい》が石見銀山《いわみぎんざん》の開発に乗り出し、一五三三年に朝鮮伝来の灰吹法《はいふき》という精錬法が導入されることで、爆発的に銀の生産量が増加した。一説によると、当時の日本の産銀量は世界の三分の一におよんだという。

日本の商人は、豊かな銀で朝鮮から綿布を、明から生糸を購入し、広域化した貿易ネットワークを活性化させた。戦国大名と結びついて豪商が成長し、なかには広いネットワークを利用して貿易、海運業、倉庫業、鉱山経営、鉄砲製造など、総合商社的性格をもつ大商人も現れた。

明の密貿易の中心は、長江河口沖合の舟山《しゅうざん》列島に設けられた双嶼《そうしょ》港だった。一五四五年には博多商人もこの密貿易港での取引に従事する。

日本の日向《ひゅうが》、薩摩《さつま》、大隅《おおすみ》、豊後《ぶんご》の諸港や平戸にも多くの中国人商が訪れ、もち込まれた唐物を求めて京都、堺《さかい》などの商人が諸港をめぐるようになる。薩摩の島津《しまづ》家に仕えた禅僧、南浦文之《なんぽぶんし》の『鉄炮記《てっぽうき》』によると、一五四三（天文《てんぶん》一二）年八月にポルトガル人が大船（ジャンク）に乗って種子島《たねがしま》に漂着し鉄砲を伝えたとされるが、その船には五峰《ごほう》と呼ばれる中国商人が同乗していて、西南蛮種（ポルトガル）の商人の同乗を伝えたことを記している。

この五峰は、双嶼港の密貿易を取り仕切っていた大商人、王直《おうちょく》を指すとされている。豊かな銀に引きつけられたポルトガル船は、明の生糸などを日本に運ぶ中継貿易を急激に活性化させた。他方、九州の諸大名もポルトガル商人による出前貿易を大歓迎した。

密貿易が公然化すると、明は国是の「海禁」を守るために密貿易の徹底した弾圧に乗り出す。一五四八年には双嶼港が徹底的に破壊され、王直を頭領とする密貿易商人団は拠点を五島、平戸に移した。

しかし、当時の主商品はなんといっても長江流域の生糸であり、密貿易商人は武装して中国沿海での貿易を強行せざるをえなかった。それが一六世紀中頃の「後期倭寇《わこう》」である。「後期倭寇」の成員の大多数は密貿易にかかわる中国人であり、それに呼応する沿岸の下層民衆だった。

ポルトガル人が拠点とした明の双嶼港が破壊された翌年、イエズス会宣教師フランシスコ・ザビエルが日本での貿易拠点の建設、布教のために鹿児島を訪れた。彼は日本全土でのカトリック布教をめざし京都を訪れたが、応仁《おうにん》の乱の直後で布教のめどが立たなかった。しかし平戸、山口、大分などに布教の基盤を築くことには成功する。ザビエルはその後明での布教をめざし、広東の近くの上川島で世を去ったが、九州では貿易の利を求める大名の意向もあってカトリック信者が増加。一五八二年に「天正《てんしょう》遣欧使節団」が派遣された頃には、信徒の数は一五万人に達したとされる。

ポルトガル人の日本での交易は一五四〇年代から来航が禁止される一六三九年まで、約一〇〇年間におよんだ。その時期にポルトガル人は、ヨーロッパ、アメリカ、アフリカ、アジアの幅広い食品を九州にもたらした。

一六世紀の後半にメキシコ在住のスペイン人のレガスピが太平洋を横断してフィリピンのマニラを征服。メキシコのアカプルコとマニラを結ぶガレオン貿易を開始した。安価な「新大陸」の銀で、明の物産を大量に買いつけた。福建の月港からは多くの中国商人がマニラに赴き、銀と生糸、陶磁器を取引することになる。スペイン人、ポルトガル人がもたらす膨大な量の銀で、中国は「銀の時代」に入り、日本も東アジアの大貿易圏に組み込まれていった。

活発な貿易は、当然のことながらヨーロッパの「食」文化との大交流につながった。ポルトガル人がもたらした文化は南蛮文化、料理は南蛮料理といわれる。

安達巌《あだちいわお》氏の『たべもの伝来史』によると、ポルトガル人が日本にもたらした食材、料理は、新大陸原産のトウモロコシ、ジャガイモ、カボチャ、トウガラシ、トマト、ヨーロッパの食肉用のウサギ、東南アジアのニクズク、食品としてはパン、ビスケット、カステラ、ボーロ、金平糖《こんぺいとう》、有平糖《あるへいとう》、カルメイラ、天麩羅《てんぷら》、がんもどき、水炊き、飲み物としてはワイン、アラキ（焼酎《しょうちゅう》）を挙げている。タバコ、コップ、ビードロ（ガラス器）もポルトガル語に由来する。

2　海を渡ったコショウとトウガラシ

ザビエルのコショウ売りこみ大作戦

「大航海時代」を引き起こした食材は、コショウだった。日本にもかなりの量のコショウがもち込まれたが、最初にコショウをもたらしたのは、琉球《りゅうきゅう》の交易船だった。

一五世紀の後半は、琉球王国の大交易時代だった。北山《ほくざん》、中山《ちゅうざん》、南山《なんざん》の三国に分かれていた沖縄本島は一五世紀初頭に中山王国の尚巴志《しょうはし》により統一されたばかりだったが、私商人の対外貿易を禁止する海禁政策をとる明は多くの福建商人を移住させ、交易船を提供。勘合符なしの貿易を琉球に認めて、調達が困難になったコショウなどの東南アジアの物産の調達にあてさせた。それが「琉球の大交易時代」につながる。

琉球船は、ベトナム、マラッカ、シャム、スマトラ、ジャワなどに出向いてコショウ、香木、砂糖などの特産品を明、日本などに輸出した。日本に輸出されたコショウの大部分は、博多を経由して朝鮮にも輸出された。

日本では水をベースにする魚、野菜の料理が主であったために、ショウガ、サンショ、カラシなどのすでにある調味料で十分であり、コショウは主に薬として使用されるにとどまった。それに対して遊牧民のモンゴル人に占領されていた朝鮮半島では、駐留したモンゴル人の需要に応えるためにウシなどの食肉獣の飼育が普及し、食肉文化が定着した。モンゴル人の進出以前は、肉食を忌避する仏教社会であったが、それが一変したのである。そのために肉によく合うコショウが歓迎された。鄭大声《ていだいせい》氏は、コショウ輸入の増大が李朝の貿易上の大きな負担になったと述べている（『朝鮮の食べもの』）。

しかし、コショウは、ヨーロッパの「大航海時代」を引き起こすきっかけとなった代表的な商品である。そのために日本の豊富な銀を求めたポルトガル商人も最初は、コショウを輸出することをめざしていた。日本でのキリスト教の布教をめざしたフランシスコ・ザビエルも、その書簡のなかで京都の側《そば》の商都、堺にポルトガルの商館を設ければ、大量のコショウを売りさばくことができるであろうと述べている。彼が滞在費を捻出《ねんしゅつ》するために持参したのも大量のコショウだったという。

日本の料理ではコショウはあまり必要とされなかったが、香辛料として日常的に使われる場合もあった。一般的なのは、コショウの粉末を「汁もの」の「吸い口」（吸い物に浮かべて香味をつけるもの）とする使い方だった。

香りのよいユズとコショウは、吸い口の双璧だったという。また、うどん、豆腐料理、とろろ汁などにもピリッとしたコショウが適度な刺激になった。なかにはコショウの粉末を振りかけてご飯を炊き、出汁《だし》を加えて食べるコショウ飯まであったという。コショウは、一七世紀半ばに、江戸両国の薬研堀《やげんぼり》の芥子屋《からしや》徳右衛門が漢方薬からヒントを得て、トウガラシ（南蛮）にゴマ、陳皮《チンピ》、ケシ、ナタネ、アサの実、サンショの六種類の薬味を加えた「七味唐辛子（七味）」が評判になるにつれて駆逐されていく。

古くからコショウを使っていた東南アジアでは、アメリカ大陸原産のトウガラシが香辛料としてコショウを駆逐していくが、日本列島でも小規模ながらそうした現象が起こったのである。

トウガラシをコショウにしたてたコロンブス

ナスの仲間のトウガラシは、ペルーを原産地とし、古くからアメリカ大陸で使われた辛み香辛料である。トウガラシが赤く辛いのは、辛みを感じる味覚がそなわっていない鳥に種を遠くまで運んでもらうためだという。

トウガラシの甘味種が、食卓に鮮やかな彩りを加えるピーマンやパプリカである。青いピーマンも、熟するとトウガラシと同様に赤くなるという。ピーマンは皮の部分を食べるために品種改良されて中が空洞になったが、原生種にはギッシリと種が詰まっていた。パプリカはピーマンより皮が厚手でいっそう甘く、緑、赤、白、橙《だいだい》、黄、紫、黒の七色がある。

ピーマンという言葉は、フランス語でトウガラシ類一般を指す語ピマン piment に由来する。ところが英語では sweet pepper、または green pepper で、コショウの仲間と考えられている。

コロンブスがトウガラシをコショウの一種と誤解して以来、ピーマン、パプリカを含めてトウガラシ類はコショウの仲間とみなされた。ちなみにパプリカは、ハンガリー語でコショウの意味である。

コロンブスは、第一回の航海の際に黄金の国「ジパング（日本）」とまちがえたカリブ海のエスパニョーラ島で、「アヒー」と呼ばれていたトウガラシと出会うが、アヒーはコショウの仲間で、しかも高価であるとスペイン政府に報告した。そのとき以来、ヨーロッパではトウガラシはコショウの仲間になってしまうのである。

『コロンブス航海誌』の一四九三年一月一五日の条《くだり》は、「また彼らのコショウであるアヒーもたくさんあるが、これはコショウよりももっと大切な役割を果たしており、これなしで食事する者はだれもいない。彼らは、非常に健康によいものだと考えているのである。これは、年間カラベラ船五十隻分を、このエスパニョーラ島から積み出すことができるだろう」（林屋永吉《はやしやえいきち》訳）と記している。

コロンブスは、アヒーがコショウよりもずっと価値のある香辛料にちがいないと希望的に推測したが、ヨーロッパでは辛みが強すぎるためにコショウのような有力な商品作物にはならなかった。現在でもスペインでは、「アヒー」が、トウガラシの俗語としてつかわれている。また、英語でトウガラシのことを red pepper というのも、トウガラシをコショウの仲間とみなした名残りである。

その後、トウガラシはポルトガル人によりインドに、さらには東南アジア、中国にも持ち込まれた。香辛料の宝庫の東南アジアでは、強烈な辛みをもつトウガラシがコショウをはるかにしのぐ有力な香辛料となり、香辛料の本場の東南アジアの食卓を制覇した。トウガラシの強烈な辛さが、従来あった香辛料を駆逐したのである。いまでは、トウガラシ抜きの食卓は存在しえないほどの浸透ぶりである。中国でも四川《しせん》ではトウガラシが料理のベースになっている。

トウガラシは、一五四三年に種子島にやってきたポルトガル人により日本にも伝えられ、「南蛮胡椒《なんばんこしょう》（あるいは南蛮、南蕃）」「蕃椒《ばんしょう》」と呼ばれた。南蛮人（ポルトガル人）がもたらしたコショウの意味である。たぶん、ポルトガル人の説明がそうだったのであろう。コロンブスの亡霊である。

「唐辛子」の語は、日本を統一した豊臣秀吉《とよとみひでよし》の李氏《りし》朝鮮への二度におよぶ出兵（一五九二―九三、九七―九八）に由来する。情報が十分に行きわたっていない時代のことである。トウガラシをまだ知らなかった武士が朝鮮からトウガラシを持ち帰り、すでに日本に伝えられていることを知らずにこのように呼んだと推測される（鄭大声『朝鮮の食べもの』）。「高麗胡椒《こうらいごしょう》」という呼び名もあったようである。

トウガラシは、油を使わずあっさり味を好む日本人にはあまり重用されなかった。しかしトウガラシが一七世紀に日本から朝鮮に伝えられると、朝鮮ではコメ、ムギにコウジ、トウガラシを混ぜ合わせて発酵・熟成させる調味料の「コチジャン」がつくられて、基本的な調味料となった。キムチという発酵食品でも、トウガラシが欠かせない調味料として用いられている。

朝鮮ではトウガラシは、日本から渡った当初「倭辛子《わがらし》」あるいは「倭椒《わしょう》」と呼ばれていた。日本が原産と考えられていたのである。トウガラシと切っても切れない関係にあるのが朝鮮を代表する食品のキムチである。日本ではハクサイのキムチが有名だが、キムチの種類は二〇〇にもおよぶといわれ、近年は日本でも多様なキムチが食べられている。また、たくさんの卵を生むためにめでたい魚とされたスケトウダラ（韓国語でミョンテ〔明太〕）の卵（タラコ）にトウガラシを加えた保存食「明太子《めんたいこ》」も一七世紀頃からつくられはじめ、一九世紀には全土に広まった。有名な博多の明太子は、韓国から戻った日本人が製法を伝えたものである。

わたしたちが餃子《ぎょうざ》を食べるときに使うラー油（辣油）も、ゴマ油に辛みの強い赤トウガラシを加えて加熱し、辛み成分カプサイシンを引き出したものである。つまり、トウガラシの辛みを利用する調味料なのである。

3　贅沢品だった砂糖

砂糖菓子と浸透する甘み文化

ポルトガル人とオランダ人の日本の「食」文化への貢献は、なんといっても砂糖の

「甘み」を普及させたことにあった。

砂糖の原産地はニューギニアとされ、インド商人がインドにもたらして普及させた。アレクサンドロス大王のインド遠征当時には、すでにインドで一般化していたとされる。中国へは唐代にシルクロード経由で伝えられた。

日本に砂糖を伝えたのは、唐僧の鑑真《がんじん》である。彼の献上品のリストのなかに、砂糖二斤一四両と記されている。唐代の一両は一〇匁、一斤は一六両なので、四六〇匁（約一・七キロ）にすぎない。もっとも当時の砂糖は、薬品としてイメージされていた。

「大航海時代」以降、ポルトガル人やがてはオランダ人により高価な調味料としての砂糖が日本にもち込まれた。オランダ人はとくに砂糖を主要な収入源とみなし、ジャワ島で栽培した砂糖を大量に日本にもち込んだ。

日本で最初に砂糖が栽培されるのは慶長年間（一五九六―一六一五）のことで、奄美《あまみ》大島の直川智《すなおかわち》が南シナ海で漂流した際にサトウキビの苗と栽培法を持ち帰ったとされる。安土桃山時代には、武士のあいだに贅沢《ぜいたく》な茶の湯がさかんになり、点心としての菓子（茶の子、茶菓子）が発達した。なかでも砂糖菓子は、貴重な贈答品としてあつかわれることになる。

国内で砂糖の栽培が普及するのは、将軍吉宗《よしむね》が一七二七（享保一二）年に琉球からサトウキビの苗を取り寄せて、浜御殿などで栽培させて以降であった。日本の砂糖生産に大きな影響を与えた平賀《ひらが》源内《げんない》は、長崎で学んだ知識をもとに、一七二九（享保一四）年に大坂の砂糖問屋に勧め、日本で最初の純白の精糖「三盆白《さんぼんじろ》」をつくらせた。それは三度揉《も》んで結晶を細かくした白砂糖で、福建船が長崎にもたらしたものであった。砂糖の普及は、和菓子を多様化させ、日本の食文化として定着させるのに大きく貢献した。

金平糖を最初に食べた織田信長

ポルトガル人は、砂糖や氷砂糖に卵、コムギ粉を加えた当時としては非常に贅沢《ぜいたく》な砂糖菓子を日本にもたらした。南蛮菓子である。

南蛮菓子には、金平糖、有平糖、カルメル、カステラ、ボーロなどがあったが、いずれも当時としてはきわめて高価な砂糖を使った菓子であった。

ポルトガル人が日本にもち込んだ金平糖は、ポルトガル語のコンフェイト（confeito）の訛《なま》りで、「金平糖」「金餅糖」「金米糖」「渾平糖」などの字があてられている。一五六九年四月にルイス・フロイスが二条城で織田信長《おだのぶなが》に謁見《えっけん》したときの贈り物に、ビロードの帽子、鏡、クジャクの尾などとともにコンフェイトの入ったガラス瓶があったとされ、それが金平糖の伝来のはじめとなる。信長は、金平糖を最初に食べた日本人なのである。砂糖が得がたい当時において、金平糖は高価な贈り物として使われたようである。

金平糖がうまかったからでもなかろうが、信長はイエズス会にたいしてたいへんに好意的だった。あるいは、キリスト教を利用して仏教勢力の弱体化をねらったのかもしれない。ローマのイエズス会本部から巡察使として派遣されたヴァリニャーノは本部への通信のなかで、「他人に対して非常にきびしい信長の、イエズス会士に対する親愛を極めた態度は、異教徒（日本人）たちが驚嘆してやまなかったところで、それだけにキリスト教徒たちの喜びはひとしおであった。信長は、あるときみずからが鷹《たか》狩りでとらえた鳥を贈り、自分でとらえたものだが親愛のしるしとして差し上げるのだと伝えさせた」と記している。

ちなみにケシの種を芯《しん》とする金平糖が国内で最初につくられたのは、一六八〇年代（貞享《じょうきょう》年間）の長崎だった。この時期に金平糖は上方《かみがた》に広まり、やがて江戸にも伝えられた。井原西鶴《いはらさいかく》の『日本永代蔵《にっぽんえいたいぐら》』（一六八八年刊行）には、「長崎にて女の手わざに仕出し、今は上方にも是《これ》をならひて弘まりけり」とある。

有平糖もポルトガル語のアルフェロア（alféloa）からきた菓子名で、アル、アルヘイなどとも呼ばれた。『和漢三才図会《わかんさんさいずえ》』には、氷砂糖一斤に水四合を加え、鍋で煎《せん》じ、鶏卵の白味を加えて飴《あめ》のように固めたものとある。白砂糖を煮詰め、白、紅、黄色、萌黄《もえぎ》色などの色をつけていろいろなかたちをつくる有平糖は、江戸時代になると江戸を代表する砂糖菓子になった。歌舞伎《かぶき》で顔を赤く隈取《くまど》るメークを「有平隈《あるへいぐま》」というのは、有平糖からきている。

カルメル（浮名糖）は、caramelo が訛ったもので、カルメラ、カルメイラとも呼ばれた。氷砂糖、水、卵を煎じ、それをこして得られた液を煎《せん》じつめ、泡立ったときに下ろし、冷やした菓子である。

ボーロ（芳露）は、ポルトガル語で丸いものを意味する bolo に由来する。コムギ粉に砂糖、卵、水を混ぜ、小さく丸めたものを天火《てんぴ》で焼いてつくった。

有名な菓子のカステラ（粕底羅、加須底羅、加寿天以羅）は、イベリア半島のカスティラ王国を指すポルトガル語の castella が菓子名になり、古くから長崎名物だった。鶏卵と砂糖を泡立てて小麦粉を合わせた生地を天火で焼く菓子である。江戸時代になると、カステラは酒の肴《さかな》にされたり、蒸して茶会の菓子としても用いられるようになった。

4　パンとビスケットの伝来

「パン」はポルトガル語

一六世紀中頃にポルトガル船とともに、彼らの食糧のパンが日本にもたらされた。当時は「ハン」と呼ばれていて、「波牟」の字をあてた。また蒸餅、麦餅と書いて「ハン」と読ませた。明治の初頃から「パン」とカタカナでも書きあらわすようになった。

パンの語源については、ポルトガル語の pão、あるいはスペイン語の pan にあるとされている。わが国ではじめてできた絵図入りの百科事典の『和漢三才図会』には、「按《あん》ずるに蒸餅即ち饅頭《まんじゅう》の餡《あん》無き者也、阿蘭陀《おらんだ》人ごとに一個を用ひて当食と為す。彼人呼んで曰《いわ》く波牟と。之に添えて羅加牟《らかん》（ハムの意味）なる者食ふ——」とある。

すでに発酵させたコムギ粉で具を包み蒸す、まんじゅうという食品をもっていた日本では、パンをまんじゅうになぞらえて理解したようである。まんじゅうはコムギの粉でつくった生地を蒸し、パンはそれを焼くのであるから無理な類推ではない。

元禄年間（一六八八—一七〇四）に長崎に赴いた土佐藩士は、「パンと申す小麦の粉にて仕成候餅に、牛の乳を塗りて給《た》べ申候」と述べている。「牛の乳」はバターをさすので、長崎ではバターを塗ったパンが食べられていたらしい。

わが国ではじめてパンが売り出されのは一八六九（明治二）年。一八七四（明治七）年には東京芝《しば》で文英堂（現木村屋總本店）のアンパンが売り出されている。考えてみると、アンパンは組み替え食品の代表のひとつであり、蒸したまんじゅうの皮をパン生地に取り替えたとみなすべきである。日清戦争後、軍隊でも、乾飯《ほしいい》に代わり保存がきいて食べやすいパンを用いるようになった。

船乗りの保存食ビスケット

ビスケットは英語ではbiscuit、ポルトガル語ではbiscoito（ビスコイト）である。最初にポルトガル人が日本にもたらしたビスケットは、「びすかうと」と呼ばれた。ビスケットは長期におよぶ航海の保存食として重宝されており、ある意味で「大航海時代」を支えた食品であった。

ビスケットの語源は、ラテン語のビスコクトゥム・パネム（二度焼いたパン）に由来し、堅く乾燥させた日もちのよいパンである。ちなみに一九世紀初頭にフランスのビスケー湾で難破したイギリス船の船員たちがつくったという説もあるが、保存食として発達し航海や修道院、軍隊などで用いられた。

日本では一五五〇年代に南蛮菓子のひとつとして平戸に上陸。ポルトガル語の名で呼ばれた。その後、慶長・元和《げんな》年間（一五九六―一六二四）になると、ルソン島から長崎に輸入され、全国に伝えられた。製造が本格的にはじめられたのは一八七八（明治一一）年のことで、京橋《きょうばし》南鍋町《みなみなべちょう》の米津風月堂《よねづふうげつどう》が、アメリカからビスケット製造機を購入して製造した。

5　天麩羅とがんもどき

天麩羅がもとで世を去った徳川家康

ポルトガルの文明と接するなかで、ヨーロッパの揚げ物文化が日本に移植された。その代表格が天麩羅《てんぷら》である。天麩羅の語源は、tempero（調理）、têmporas（キリスト教でその期間は肉食が禁じられていた四旬節）、templo（教会）などといわれる。

それらの説のうち、四旬節に起因するという説がもっとも説得力に富むように思われる。キリスト教では、イエスが荒野で断食、修行を行ったとする伝承にもとづいて復活祭前の四〇日間の肉食を断つ習慣があった。ちなみに、肉をたつ前にたらふく肉を食べる祭がカーニバル（謝肉祭）である。ポルトガルの船乗りも、ニシンなどの魚を油で揚げて食べたのであろう。あるいは肉の確保がむずかしかったので、魚を揚げて食べたのかもしれない。

それゆえ、天麩羅では肉を材料としては使わない。関西では、魚のすり身を揚げた「薩摩《さつま》揚げ」も天麩羅と呼ばれた。もともと薩摩揚げも、天麩羅の一種だったのであろう。ちなみに薩摩は博多地方とともに明との密貿易の中心であり、イエズス会の宣教師ザビエルも最初に鹿児島港を訪れている。もちろん、多くのポルトガル船が薩摩を訪れたのである。

ポルトガル人は、日本では獣肉を材料として確保できないこともあって魚類を天麩羅の材料にした。当時は、コムギ粉の衣はつけなかったようであり、油で魚肉などを空揚《からあ》げにしたものだったと考えられる。四条流などと並ぶ調理界の代表的な流派の大草流の料理書は、タイ、ガン、ハクチョウなどの肉をゴマ油、またはブタ油で揚げるのを「南蛮焼き」としている。

中国料理の影響を受けた精進料理ではゴマ油が重要な食材とされていたものの、揚げる食材が限られていた。とくに匂いの強い、ニンニク、ノビル、ラッキョウ、ネギ、ニラの「五辛《ごしん》」は、「葷《くん》」として食べることが禁じられていた。それに対してポルトガル人は、そうしたタブーにとらわれなかった。そのためにネギを使う料理に「南蛮」の名が冠せられることになった。たとえば、そば料理の鴨《かも》南蛮にみられるようにネギを食材として使う料理に「南蛮」の名をつけるのは、そのためである。関西には、ネギを加えた料理を「テンプラ」と呼ぶ地方もある。

駿府《すんぷ》に隠退した徳川家康《とくがわいえやす》が、京都からやってきた貿易商人の茶屋四郎次郎《ちゃやしろうじろう》に上方で流行している天麩羅という南蛮料理の話を聞き、オオダイの魚肉をゴマの油で揚げてニラをすりかけた天麩羅を食べ、胃腸をこわして死亡したという有名な話がある。しかし、家康が死亡したのは天麩羅を食べてから約三か月もたった後であり、粥《かゆ》とクズのすいとんを少量しか食べられないというような状態が続いたので、直接天麩羅と家康の死を結びつけるのは妥当ではなく、胃ガンにかかっていた家康が、腹にもたれる天麩羅を食べて病状を悪化させたとみる説が有力である。

ゴマ油が高価だったこともあって天麩羅はなかなか庶民の料理にはならなかったが、江戸時代に安価なナタネ油が出回るようになると、天麩羅は日本を代表する「揚げ物」料理に出世した。

もともとはイスラームの菓子だったがんもどき

おでんの具として知られるがんもどき(雁擬き)は、ポルトガル人が日本にもち込んだ食品だった。がんもどきはポルトガルの菓子にヒントを得た食品で、最初はポルトガル語で「揚げ物」の総称として使われる「ヒリョウズ」の名で呼ばれた。現在でも関西や九州では、飛竜頭あるいは飛竜子の字があてられる。がんもどきは、従来禅宗寺院で食べられていた油を使った精進料理を、ポルトガル人の発想をとり入れて変形させた食品とみなすことができる。ポルトガル人が日本にもたらしたヒリョウズは、コムギ粉の生地で肉などを包んで揚げる食品であり、もともとはイスラーム世界で食べられた「パグラヴァ」という菓子だったようである。イスラーム教徒は、七世紀から八世紀にかけての大征服運動でアジア・アフリカ・ヨーロッパの三大陸にまたがる大帝国を築き上げ、ポルトガルも長いあいだイスラーム教徒の支配下におかれた。そうしたなかで、「パグラヴァ」がポルトガル料理に「組み替え」られたのであろう。そしてアフリカ最南端を越えてアジアに進出したポルトガル人が、日本にそれを「ヒリョウズ」として伝えることになる。

ヒリョウズをハイカラな食べ物として食文化のなかに組み入れた当時の人びとは、ヒリョウズの揚げ菓子としての形式に在来の禅宗の精進料理を組み合わせた。最初は手軽に入手できる麩《ふ》を油で揚げただけ、あるいはコンニャクを小さく切って塩で洗い、さらしてクズ粉で揚げるなどした。現在のがんもどきは、豆腐の水をしぼって水気を切り、つなぎにデンプンを入れ、ゴボウ、アサの実、ニンジン、シイタケ、ギンナンなどを細かく刻んで油で炒《いた》めたものを混ぜ合わせてから、油で揚げたものである。

ヒリョウズは関東ではがんもどきと呼ばれるが、それは元来の詰め物だった肉（ガンの肉などの鳥肉）を豆腐に組み替えたことによる。

がんもどきは、食材が広い地域に伝えられていくうちに「組み替え」により大きく姿を変えていくことを地球規模で学ぶ材料としてすぐれている。また、「大航海時代」の潮風が運んできた食材として、味わうこともできる。

油料理が日本で育たなかったのはナゼ？

日本を代表する料理というと、天麩羅か鮨《すし》ということになるが、天麩羅はヨーロッパから伝えられた新参者である。日本において、油を使う揚げ物料理の歴史はきわめて浅く、一六世紀以降ということになる。たとえば、「油」をベースとする中国料理では、大別すると「炒《ツアオ》」（短い時間炒める）、「煸《ビエン》」（長い時間炒める）、「爆《バオ》」（高温で炒める）、「炸《ブアー》」（揚げる）、「溜《リユウ》」（あんかけ）、「煎《ジエン》」（少ない油で煎《い》り焼く）、「貼《ティエ》」（片面を煎り焼く）の七種類の調理法がある。それに対して、もともとの日本料理には、油を使う料理がきわめて少なかったのである。

日本料理が「水」をベースとする料理で、「油」を使う料理にならなかった背景には、水が豊富に使えたことと、高温に耐えうる鉄鍋が現れていなかったこと、食用油が高価で普及しなかったこと、などがある。しかし、ナタネ油の普及が状況を一変させた。二毛作が普及すると、裏作の作物としてアブラナが植えつけられるようになり、従来のゴマ油に加えてナタネ油が大量に使われるようになったのである。

しかし、それだけでは条件が整ったことにはならない。ユーラシア大陸の西のはずれの海洋国家ポルトガルの船乗りたちの、喜望峰を迂《う》回《かい》し、マラッカ海峡を経由して日本列島にいたる苦難に満ちた大航海が、天麩羅という料理のヒントを与えたのである。異文化との接触が、現在の日本を代表する料理をつくり出すきっかけになっている。

一六世紀は、多くの明商人が日本列島を訪れて貿易がさかんに行われるようになり、ポルトガル人の貿易活動も活発化した。そのため、新大陸の作物のサツマイモ、カボチャ、トウガラシ、さらには中国のけんちん、鶏卵そうめん、南蛮菓子などが伝えられ、日本の食文化は大きな変革期に入った。そうした時期に天麩羅も、日本の料理に付け加えられたのである。最初に天麩羅として揚げられたのは、麩、コンニャク、豆腐などだったというから、およそ現在のイメージとはかけ離れた食品だったが、江戸時代初期になると魚も揚げられるようになり本格的な天麩羅が姿をあらわすことになる。

6　キュウリとカボチャの食べられ方

日本人は熟したキュウリを好む？

日本の食卓を飾る代表的な野菜は、ニンジン、キュウリ、ナス、ネギ、ダイコン、ホウレンソウなどである。そのうちのネギは、原産地が中央アジアとする説もあるが中国西部かシベリアという説が有力である。しかし、ニンジンはアフガニスタン、キュウリはインドのヒマラヤ南麓《なんろく》、ナスはインドの南部地方、ダイコンはコーカサス地方あるいは地中海沿岸、ホウレンソウはイラン高原が原産地とされており、いずれも中央アジアのシルクロードを通って中国にいたり、さらに日本へと旅をしたという点で共通している。

水分が九〇パーセント以上というキュウリは、インド北部のヒマラヤの山岳地帯を原産地とする野菜である。キュウリには二種類があり、ひとつはシルクロードのオアシスを通って中国北部に伝えられ、他方はビルマ経由で中国南部に伝えられた。

日本には、水分の少ない南伝キュウリが平安時代の中頃に伝えられた。キュウリは、中国から伝えられたので「唐《から》ウリ」、稜《そば》立っているので「稜ウリ」、熟すると黄色になるので「黄《き》ウリ」と呼ばれたという諸説がある。本来の呼び名はキュウリではなくして、「キウリ」なのである。

それに対して、みずみずしい北伝キュウリはずっと遅れて江戸時代末になってやっと伝来したとされる。二種類のキュウリのうち前者は漬け物、酢の物などに向き、後者は皮が薄く水っぽいために生食に向いている。のちに両者の交配が繰り返されて現在のような多様なキュウリがつくり出され、生食、漬け物、炒め物などに広く使われることになった。

一六世紀に来日したイエズス会の宣教師ルイス・フロイスの著作『ヨーロッパ文化と日本文化』は、「われわれの間ではすべての果物は熟したものを食べ、胡瓜《きゆうり》だけは未熟のものを食べる。日本人はすべての果物を未熟のまま食べ、胡瓜だけはすっかり黄色になった、熟したものを食べる」と、なかなか面白い指摘をしている。ルイス・フロイスは、キュウリはみずみずしいものがよいものと考えていたため、日本人がわざわざ黄色く熟したキュウリを食べているのに驚いたようである。ルイス・フロイスはヨーロッパと日本ではキュウリの食べ方が違うのだと考えたが、実際にはキュウリの種類が違っていたのであって、当時の日本人は水気の少ない黄ウリを食べていたのである。

みずみずしくないキュウリなど食べてもうまいはずがなく、江戸時代にはキュウリは下品なウリとされて評判が芳しくなかった。一七〇四年に刊行された貝原益軒《かいばらえきけん》の『菜譜《さいふ》』は、「胡瓜これウリ類の下品なり、味よからず。かつ小毒あり」と記している。

キュウリは漢字では胡瓜と書かれ、前漢の武帝の時期に匈奴《きょうど》との戦いを有利に進めるために西域に派遣された張騫《ちょうけん》が中国にもたらしたとされている。しかし、実際のところその伝来の時期は明確ではない。水分が九〇パーセント以上で歯ざわりがよい北伝のキュウリは、サラダが流行するようになった戦後日本では、そのみずみずしさのゆえに最大の生産量を誇る野菜にまで昇格した。

西方でもキュウリは、『旧約聖書』にも顔を出すほどの古い食材である。キュウリには薬効があり、サソリの毒を解毒《げどく》するのに効果があると考えられていた。

また、古代ギリシアでは、キュウリは解熱作用をもつと考えられた。ローマの帝政初期の伝記作家スエトニウス（七〇頃―一六〇頃）の『皇帝伝』は、彼がトラヤヌス帝の秘書だったときに閲読した豊富な帝室文書にもとづいて書かれているが、初代皇帝のアウグストゥスはたいへんなキュウリ好きで、水分を補給するためにさかんにキュウリの汁を吸っていたと記している。キュウリの汁を飲料水のように飲んだというのである。皇帝の欲求に応えるために、キュウリは年間を通じて栽培されていたという。

ポルトガル人が伝えたカボチャ

漢字で「南瓜」と書くカボチャは、中央アメリカ、南アメリカを原産地とするウリ科の野菜で、メロンやキュウリの仲間である。漢字では漠然と南からきたウリと書くが、固く保存がきくために航海用の食材としてすぐれており、多様なルートをたどって地球を一周した。

一言でカボチャといってもかたちはさまざまで、球形のもの、偏球状のもの、円筒形のものなど多様で色も雑多で、大きいものは直径一メートル、重さ五、六〇キロにも達する。

前一二〇〇年頃に、ペルーではすでにカボチャの栽培がなされていた。しかしカボチャは、トウモロコシ、ジャガイモ、サツマイモなどと比べるとさほど注目されず、「大航海時代」以降、地味に多様なルートをたどって世界に広がった。

カボチャは食卓では地味なバイ・プレイヤーであり、主要な食材にはなりえなかった。そのために日本でも多くの呼び名があるように、ヨーロッパにも、pumpkin、squash、vegetable marrow などの呼び名があり伝播《でんぱ》の系譜を明らかにしにくい。

カボチャは、一六世紀にメキシコから大西洋を渡りヨーロッパに運ばれた。しかし、料理法がうまく見つけ出せなかったこともあり、食材としてはあまり注目されなかった。アフリカ最南端の喜望峰を迂回する航路で、カボチャをアジアにもたらしたのはポルトガル人である。

ポルトガルの王朝は、抜け目のない商人王朝だった。一四九八年にヴァスコ・ダ・ガマが喜望峰を越えてインドのカリカットにいたりインド航路が開拓されると、一五一〇年には早くもゴアに拠点を築き、翌年には東南アジアの大交易センター、マラッカを攻略。同年には香辛料を産出するインドネシアの島々、さらにタイのアユタヤ朝にいたり、一五一七年には明の広州《こうしゅう》に赴いて交易を求めた。

明代に書かれた『本草綱目《ほんぞうこうもく》』（一五九六年刊行）にカボチャの記述があるので、一六世紀には海禁政策（民間商人の海外貿易禁止策）をとっていた明にもカボチャが伝えられていたことがわかる。

「冬至にカボチャを食べると、中風にならない」とか、「風邪を引かない」と民間で言い伝えられているように、日本ではカボチャという呼び名が一般的である。このカボチャという呼び名は、一五四八年に豊後《ぶんご》（大分）に漂着したポルトガル船が貿易の許可を得るために、大友宗麟《おおともそうりん》にシャム（タイ）の東のカンボジャで産出された作物としてカボチャを献上したことからはじまるとされる。カンボジャが訛《なま》って「カボチャ」と呼ばれたのである。

当時、平戸、薩摩の諸港と並び、豊後は対外貿易の中心だった。日本にカトリックを伝えたフランシスコ・ザビエルも、豊後の港から離日している。東南アジアの貿易センター、マラッカを征服したポルトガル人は、東南アジア、東アジアに貿易のネットワークを広げたが、そのネットワークに組み込まれたシャムやカンボジャではすでにカボチャが栽培されていたようである。日本に渡来した当時はカボチャには毒があるという迷信があり、唐人や南蛮人相手につくられていたにすぎなかった。カボチャはかたちが「ボウブラ」という土瓶に似ていることから九州ではボウブラ、関東では唐（中国）のナスの意味でトウナスと呼ばれた。食卓の常連になるのは江戸時代の半ばすぎである。

7　「オランダ」と名がつく食品

細く長く付き合ったオランダ

一六世紀にスペイン領のネーデルランド（現在のオランダ、ベルギー）には、一万人のスペイン軍が駐留し、重税（スペインの国税の約四割）が課され、商工業者の多数を占めるカルヴァン派の新教徒が弾圧された。六年間に八〇〇〇人が処刑され、一〇万人が国外に逃亡し、ついには独立戦争（一五六八―一六〇九）が起こる。

カトリックの多い南部一〇州（現在のベルギー）は戦争から脱落。一五八一年に北部七州がネーデルラント連邦共和国として独立した。七州のうちホラント（Holland）州が人口・租税の二分の一を占めたので同国は「オランダ」ともいわれた。

独立後オランダ人は、ニシン漁とともに成長した造船業で海運大国となり、アジア・ヨーロッパを結ぶ海上貿易で活躍した。他国の半分の運賃で商品を運び、「世界の運搬人」と呼ばれたのである。オランダ人は、一六〇二年に合同東インド会社（資本金はイギリス東インド会社の一〇倍）を設立。会社は喜望峰からそのまま東南アジアに直行しポルトガル勢力に代わり香料の特産地モルッカ諸島や銀産地の日本に進出した。

一六一九年にはジャワ島のバタビア（ジャカルタ）をアジア貿易の拠点とし、出島《でじま》のオランダ商館で対日貿易を独占した。江戸幕府の初期の一六六〇年頃がオランダのアジア貿易の絶頂期だったとされる。しかし、オランダ人の日本での居住と貿易は長崎の出島に限られており、出入港する船の数も限られていた。そのためにオランダ人が日本の「食」文化におよぼした影響はあくまで限定的だった。

オランダ物とは？

オランダ人が日本にもたらした文化は、紅毛文化と総称される。オランダ語に由来する飲食物としては、コーヒー、ビール、ブランデ（ブランデー）、タルタ（タルト）、ソップ（スープ）、メルキ（牛乳）、ボートル（バター）などが挙げられる。

江戸時代は徒歩旅行の時代であり、長崎の出島に出入りするナゾにみちたオランダ人の生活は「珍奇」なイメージでとらえられた。しかも、出島に隔離されていたオランダ人、オランダの「食」との接触はきわめて限定的だった。そのために、油、ネギ類、オランダ辛子を使った料理や説明がむずかしい食品には恣《し》意的に「おらんだ」の名が付されることになる。オランダの「食」は、イメージの世界にとどまったのである。タイをまるごと油で揚げてから酒だけでじっくりと煮る「おらんだ煮」をはじめ、「おらんだ卵」「おらんだ漬け」「おらんだ焼き」のごとくである。

オランダイチゴはイギリス産

品種改良されたイチゴは日本では「オランダイチゴ」と呼ばれているが、それは運び屋のオランダ人がヨーロッパから日本にもたらしたためである。本来ならば、品種の改良がなされたイギリスの名を冠してイギリスイチゴと呼ぶべきなのである。幕末の一八五〇（嘉永《かえい》三）年にオランダ人が、このイチゴを日本に伝えたのが、その呼び名の由来になる。オランダミツバ（セロリ）、オランダゼリ（パセリ）、オランダナ（キャベツ）、オランダキジカクシ（アスパラガス）なども同様である。

種子から栽培するのではなく、苗から栽培するイチゴは、船で運ぶ途中で苗が枯れてしまうことが多く、なかなか日本には定着しなかった。いまは、日本で広く食べられているイチゴも根づくまでは、なかなか大変だったのである。日本にイチゴの苗が導入されたのは、日清戦争がはじまった一八九四年とされる。

一八九九年になると、当時「内藤新宿《ないとうしんじゅく》」と呼ばれていた新宿の勧業寮で技師としてヨーロッパの種苗の導入と育成にあたっていた福羽逸人《ふくばはやと》が、実が七センチと大きく味もよい新品種のイチゴの育成に成功し「福羽イチゴ」として世に出した。このイチゴは、当時はイチゴの王様ともいわれた。彼は、新宿試験場が宮内省の所管に移行したときに、フランス人の助言をいれて、現在の新宿御苑に改造した人物でもあった。

日本で最初に本格的なイチゴの栽培をはじめたのは暖かい静岡県で、一九〇七年頃のことである。栽培がすすむうちに石垣のあいだに植えたイチゴが早く成熟することがわかり、久能山《くのうさん》での石垣イチゴの栽培がはじめられた。石垣が太陽の熱を吸収するために成長が早かったのである。

第五章　江戸時代につくられた食文化

I　日本料理の完成と江戸、大坂

海運で列島はひとつになった

山々と急流によりたくさんの小文化圏に分かれていた日本列島を、ひとつに結びつけたのは海運だった。菱垣廻船《ひがきかいせん》、樽《たる》廻船、北前船《きたまえぶね》が海から日本をひとつにつないだのである。江戸時代は海のルートを軸に日本列島の各地の日常生活がひとつにつながった時代だった。もちろん地域により、「日本化」の進展の度合いは異なる。全国からヒト、モノ、カネ、情報が集中する江戸と大坂が、そうした「日本化」の二つの中心になった。江戸時代は、江戸と京・大坂、関東と関西を中心に日本食ができあがった時代といえる。

ヨーロッパでは一七世紀中頃に宗教戦争の結果として、神聖ローマ帝国が弱体化して主権国家体制が成立。一八世紀末のフランス革命を契機に国民国家体制に移行したが、同時期に日本では主に経済的な一体化が進み、明治維新以後の国民国家形成の基盤が整えられていった。江戸時代の「食」文化の変化は、そうした動きを教えてくれる。

江戸時代の大規模な社会変化のきっかけになったのは、参勤交代の制度により全国の藩と結びついた新興の大都市、江戸の出現であった。江戸に大名の妻子を人質として置き、在府在国一年交替を原則とする参勤交代の制度は予期しないかたちで一大消費都市の江戸をつくり上げ、各地の農村の次男、三男などが集まることにより庶民の都市としても成長を遂げた。

また参勤交代は東海道などの日本列島の道路網を発達させ、全国各地の文化が江戸にもち込まれ、他方で江戸の文化を全国各地に広める役割を果たした。一八世紀になると江戸の人口は一〇〇万人を数え、世界の大都市の仲間入りをする。

しかし長いあいだ日本の社会は、文化の中心京都と経済の中心大坂を軸に動いており、飲食文化の中心は関西にあった。そこで関西の商品が、「下りもの」として江戸に運ばれて高値を呼んだ。江戸という大市場を目ざとい商人が見過ごすはずがない、多くの商人が「下りもの」の商いをはじめる。商品作物、商品の生産がさかんになったのである。大量のモノを運ぶには、川と海のルートが必要になる。そこで江戸時代には大坂と江戸を結ぶ、太い海運網がつくられた。菱垣廻船と樽廻船である。

「上方《かみがた》」から反物、小間物、陶磁器、塗物、紙などを運ぶ定期船が菱垣廻船であり、酒、醬油《しょうゆ》、酢、油、鰹節《かつおぶし》、干物などを運ぶ定期船が樽廻船だった。江戸の人びとにとって、役に立つもの、高価なものは上方から船が運んできたものだったのである。とるに足らないものを「下らない」というのは、そこからきている。

関西と関東を結ぶ太い海のルートと結びついたのが、瀬戸内海から北陸を経由して蝦《え》夷地《ぞち》（北海道）のあいだを港、港で交易を繰り返しながら結ぶ北前船だった。それにより北陸や蝦夷地の物資が大交易ルートに乗ったのである。そうしたなかで江戸で誕生した庶民料理と関西の料亭料理が相互に交流し、日本食のかたちが整えられていくことになる。

江戸を酔わせた「下り酒」

江戸時代初期の江戸の酒は、濁り酒だった。しかし元禄時代の少し前になると、伊丹《いたみ》（兵庫）、池田（大阪）、武庫川《むこがわ》河口から生田川《いくたがわ》河口にいたる大阪湾沿岸の灘五郷《なだごごう》（神戸）で、諸白《もろはく》（澄んだ清酒）の製造がはじまり、樽廻船（酒を輸送する大坂、西宮の廻船問屋により使われた弁才船《べんざいせん》）で、大市場の江戸に送られるようになった。それを「下り酒」という。「下り酒」は荒れた海を回漕《かいそう》されることによりコクが増すとされ、江戸で大人気をえた。

毎年、新酒ができると、さきを争って樽廻船が品川に向かった。樽が船で揺られているうちに樽の香りが酒に移り、香りがよく、味もまろやかになると評判を呼んだのである。

一九世紀の樽廻船は一八〇〇石積みの船が中心で、四斗樽（約七二リットル）を二八〇〇樽以上積むことができた。おびただしい量の酒が、太平洋の荒波を越えて江戸へ、江戸へと押し寄せたのである。ときには一年に九〇万樽が、消費される年もあったという。

酒は八割以上が水なので、水の善し悪しがきわめて大切だが、天保年間（一八三〇―四四）に発見された「宮水《みやみず》（西宮《にしのみや》の井戸から湧く鉄分やアンモニア分などの少ない良質の硬水）」を利用する「生《き》一本《いっぽん》」で知られる灘の酒が有名になった。

酒造りは、内部の温度を一定にして、醸造にふさわしい環境を保つために、窓の少ない土壁の「蔵」が用いられた。灘の酒屋は、雑菌の繁殖が弱い冬の時期に行う「寒造り」で良質の酒を醸造して成功を収めたが、そのために冬の農閑期の農民を出稼ぎ労働力として醸造に利用することになった。それが、「杜氏《とうじ》」という酒造集団である。

彼らは、一一月から三月にかけて約一〇〇日間の出稼ぎをしたために、「百日稼ぎ」とも呼ばれた。灘の酒を守ったのは、丹波《たんば》の杜氏の力量である。彼ら「杜氏」はしだいに専門的な技能集団になっていき、日本酒の醸造技術の発達に大きく貢献することになった。

酒が大衆化すると、ヒョウタンをモデルにした焼き物の「徳利《とっくり》」が多様な用途で使われるようになった。

「徳利」には、酒樽の代わりに使われる「大徳利」、酒屋が酒を配達するときに用いる

「通い徳利」、実際に酒を飲むときに使う「燗《かん》徳利」があった。酒屋が酒の銘柄や店の名などを書いて客に貸し出した徳利は、俗に「貧乏徳利」といわれた。

しかし、現在のように「燗徳利」で直接酒を温めるようになるのは江戸時代末期以降で、それまでは「燗鍋」や長い柄のついた「銚子《ちょうし》」で温め、それを「燗徳利」に注いでいたようである。

「下り醬油」の駆逐と関東の味の自立

新興都市、江戸は初期において醬油の供給の大半を上方に仰いでおり、醬油は庶民の手には届かない贅沢《ぜいたく》品だった。醬油の代表的な産地は、紀州の湯浅《ゆあさ》、播州《ばんしゅう》の龍野《たつの》、備前《びぜん》の児島《こじま》、讃州《さんしゅう》の小豆島《しょうどしま》、摂州《せっしゅう》の灘、近江《おうみ》の日野《ひの》だったので、江戸で使われる醬油の七割から八割が樽廻船で運ばれる「下り醬油」だったのである。江戸の周辺でつくられる「地回り醬油」は、一段品質が劣るとみなされた。

しかし、やがて漁船が集まる下総《しもうさ》の銚子港に漁民の手で紀州の湯浅の醬油の製法がもたらされ、江戸に向けての輸送が便利な銚子や野田などの利根川《とねがわ》流域で、関東の人の口に合う濃い口醬油が生産されるようになった。

一六四〇（寛永一七）年に江戸川が開削されると、野田から日本橋の河岸まで船で一日の行程になり、一艘《そう》の高瀬舟が一〇〇〇樽の醬油を江戸に運ぶようになる。江戸っ子の好みに合う大量の醤油が、安く供給されるようになったのである。江戸の味は、そば、天麩羅《てんぷら》、ウナギの蒲焼《かばや》き、握り鮨、鍋料理というように、実際のところ醤油が生みだす味だった。野田と銚子が、江戸の「味」をつくったといえる。

元禄から享保年間（一六八八―一七三六）に、下総の銚子や野田の醤油が「下り醤油」を駆逐していく。一八二一（文政四）年になると江戸で消費される一二五万樽の醤油のうち、「下り醤油」は、わずかに二万樽という状態になる。幕末にはたった一〇〇樽にまでに減ってしまったという。

薄口醤油と昆布《こんぶ》出汁《だし》の薄味を好む関西料理に対して、濃い口醤油をベースとする江戸の料理が個性を確立した。濃い口醤油は鰹《かつお》出汁と結びつき、そばのかけ汁、ウナギのたれ、刺し身醤油などとして江戸の「食」には欠かせない調味料になったのである。

味噌《みそ》の好みも同様で、上方のダイズとコメでつくる甘い白味噌に対して、江戸ではダイズとムギでつくる赤味噌が好まれた。古くからの伝統の味を継承する関西に対して、新興都市の江戸の味が確立されたのである。

2　富裕化する町人と会席料理、幕の内弁当

俳諧と結びついた会席料理

江戸時代になると、富を蓄積した町人の社会的地位が高まった。そうした町人の趣味として流行したのが俳諧《はいかい》、俳句である。会席というのはもともと俳諧の席の意味であり、俳諧とともに育った。

一六二九（寛永六）年の冬、松永貞徳《まつながていとく》の門人の山本西武《やまもとさいむ》が京都の妙満寺《みょうまんじ》で百韻興行を催したのが会席の起源とされる。最初は少し酒が出る程度だったが、俳諧が俳句となり庶民化するにつれてしだいに趣味的になり、会席も酒や料理を食べる社交の場に変わっていった。

料理茶屋がさかんになると茶席とともに句席も料亭で開かれるようになり、江戸時代中期以後になると、茶の懐石と俳句の会席をかけて、「会席」と呼ぶようになった。会席料理は、やがて料理店で出される上等な料理の呼び名に変わっていく。

『守貞謾稿《もりさだまんこう》』は、「天保（一八三〇―四四）はじめ以来、会席料理と云ふこと流布す。会

席は茶客調食の風を云ふなり。口取肴《くちとりざかな》など人数に応じてこれを出して、余有の数を出さず。その他肴もこれに准ず。前年のごとく多食の者はさらに余肴これなく、腹も飽くにいたらず。しかして調理ますます精を競へり。」と記している。

歌舞伎見物と幕の内弁当

江戸時代の町民の最大の楽しみは、歌舞伎《かぶき》の観劇だった。江戸時代中期に芝居茶屋が観客に提供するようになる豪華な弁当が、幕の内弁当である。幕の内とは芝居の幕に由来し、もともとは役者が楽屋で芝居茶屋から取り寄せた簡単な弁当だった。しかし当時の芝居小屋は、早朝に幕があき、日没時に終演となる長丁場だった。当然のことながら途中で観客の腹が減ってくる。そこで客のなかには芝居茶屋を通じて仕出しを注文する者も出てきた。しかし豪華な膳で値が張ったために、なかなか手が出なかった。そうしたなかで、日本橋芳町《にほんばしよしちょう》の「万久」が、芝居見物の客のために一人前一〇〇文という値段で豪華な弁当を売り出すと、桟敷席《さじきせき》でも簡単に食べられる弁当（幕の内弁当）として大評判になった。食べやすいようにした俵形のごはん、卵焼き、かまぼこ、焼き豆腐の煮物、イモ、コンニャクの組み合わせが定番になった。

幕の内弁当はやがて行楽などにも持参されるようになり、花見弁当、行楽弁当としての利用が広がった。専門に弁当を扱う弁当屋が誕生し、入れ物も二重、三重の塗箱を使うようになる。

ちなみに弁当の起こりは平安時代である。宮廷や貴族の邸宅での宴会の際に従者に与えた強飯《こわいい》の「むすび」がそれで、「屯食《とんじき》」あるいは包《つつ》み飯《いい》といわれた。武家の時代になると、「当座を弁ずる」の意味で弁当、「厨《くりや》（台所）の代わりに持ち運べる」の意味で「行厨《こうちゅう》」と言われ、握り飯に漬け物という程度の簡単な弁当になった。幕の内弁当が出現する前の弁当は、きわめて簡素なものだったのである。

「幕の内弁当」は、町人の「ハレ」の日の携行料理として、新しい文化をかたちづくっていった。駅弁、空弁《くうべん》など、現在の弁当は食品の組み合わせからみても、江戸時代の「幕の内弁当」がベースになって様式化されている。

3　江戸庶民のファーストフード

菓子屋のそばから屋台そばへ

江戸時代の「食」で取り上げなければならないのは、庶民のファーストフードが大成長をとげたことである。そば、ウナギの蒲焼き、鮨《すし》、おでん、天麩羅など現在の「食」

につながる料理が屋台で気軽に食べられるようになったのである。こうしたファーストフードが江戸で成長した理由は、単身赴任者が多かったことと、朝早くから夜遅くまで働く者が多かったことによると考えられている。

現在食べられているそばは、かつては「そば切り」と呼ばれ、起源については諸説がある。『嬉遊笑覧《きゆうしょうらん》』では、そばの起源を天正年間（一五七三—一五九二）とし、「そば切は甲州よりはじまる。——米麦すくなかりしゆえ、そばを練りて旅籠《はたご》とせし、その後うどんを学びて、いまのそば切とはなりしと、信州の人語りし」と述べている。

江戸に「そば切り」が入ったのは、一六六四（寛文四）年のことだった。新しもの好きの菓子屋が「蒸しそば」として試作してみると、これはなかなかいけるということで江戸っ子の評判を呼んだ。しかし菓子屋の店先でそばを食べるのではシャレにならない。

そこで享保の中頃（一八世紀初頭）に、神田《かんだ》付近に「二八即席けんどん」という看板を出す屋台そば屋が現れることになる。「二八」とは、ソバ粉八、つなぎのコムギ粉二で配合するという意味である。値段が一六文だから二八としゃれたという説もある。ちなみに天保年間（一八三〇—四四）に水野忠邦《みずのただくに》の取締令でそばが一五文に値下げさせられたときに、「三五そば」の看板を出して笑われたそば屋もあった。

ところでソバは、荒れ地のほうが香りのよいものが育った。そば屋に藪《やぶ》とか砂場《すなば》などの屋号が多いのは、荒れた土地で育てた香りのよいうまいソバ粉を使っているという意味である。

江戸の中期の明和《めいわ》年間(一七六四―七二)になると、汁をかけてサッと食べる「ぶっかけ(ぶっかけそば切りの略)」が江戸っ子のあいだで大流行する。さらに「かやくもの」と総称される、ぶっかけの上に種々の具をのせるソバも流行した。しっぽく(寛延《かんえい》の頃)、花巻(安永《あんえい》の頃)、鴨南蛮《かもなんばん》(文化の頃)、天麩羅そば(文政の頃)、おかめ(幕末)など、現在もそば屋の献立に並ぶそばの出現である。

ちなみに年越しそばは、江戸中期の町屋からはじまった風俗で、細く長く伸びるそばにあやかり、寿命を延ばし、身上を末長く保とうという願いを込めたものだった。年越しだけではなく、江戸時代には人生の節目節目にそばが食べられたのである。

人気を博したウナギの蒲焼き

ウナギは縄文時代からすでに食べられており、『万葉集』にも「武奈伎《むなぎ》」として登場する。それが訛《なま》ってウナギになったという。ウナギが蒲焼《かばや》きとして庶民に食べられるようになるのは室町時代末期のことである。

「蒲焼き」の呼び名は、もともとはウナギを丸のまま長い串に刺して焼いたのが水辺に生える蒲《がま》の穂に似ていることから「蒲焼き」、また樺《かば》色に焼けるから「樺焼き」、また匂いがよく香りが早く感ぜられるところから「香はや(疾)き」などの諸説がある。

ウナギを帯状に開いて中骨を取り除き、味噌や醬油《しょうゆ》で付け焼きするようになっても、古い名前がそのまま使われ続けた。ウナギは皮が硬く、脂肪分が強いという欠点をもつ食材である。そこで柔らかく焼き上げるために、蒸して脂分を抜くとともに背中からウナギを割《さ》き、串を打って素焼きにしたあとでまた蒸し、さらにたれをつけて焼き上げる関東風の蒲焼きが、考え出された。関西風の蒲焼きは腹から割いて、頭がついたまま素焼きにしてたれをつける長焼きだったが、串を打って、蒸しを入れ、たれをつけて焼き直すというところが関東風のみそであった。

江戸前とは江戸城の前面の意味で、もともとは日本橋や京橋のあたりを指したが、やがてその前面の金杉《かなすぎ》、本芝《ほんしば》、品川の漁場を指すようになった。ところが当時の漁法は未熟で十分な水揚げがなかったために、安定して川で捕獲されるウナギが江戸前料理の最初の素材とされた。「江戸前」がウナギを意味する時代が、まずあったのである。

元禄時代になると、江戸の深川八幡《ふかがわはちまん》のあたりに何軒かの蒲焼き屋が出現。それに負けてはならじと上野池《いけ》の端《はた》の店でも宣伝に努め、江戸の食通を喜ばせた。土用の丑《うし》の日にウナギを食べることをたくみに宣伝し、定着させたのは平賀源内《ひらがげんない》とされている。

彼は『里のをだまき評』という本のなかでウナギ談義をあれこれ展開したあとで、土用の丑の日にウナギを食べるととくに体によいと書いた。それがたいへんな宣伝効果をあげて、急にウナギが売れるようになったといわれる。ちなみに長いあいだウナギ屋では飯を出さなかったので、客は家から飯を持参して蒲焼きを食べに行ったという。

やがて化政期になるとウナギを使った「鰻《うなぎ》めし」が工夫されて「うな丼」となり、屋台でも気軽に食べられるようになった。ちょうど、鮨屋の屋台が繁盛する時期である。屋台で割《わ》り箸《ばし》が使われはじめるのも、この時期とされる。

握り鮨と下魚マグロ

日本の代表的な料理のひとつが、鮨《すし》である。もともと鮨は東南アジアの稲作地帯に起源をもつ発酵を利用した食品保存の技術であり、中国、朝鮮を経て古代の日本列島に伝えられた。熟鮨《なれずし》といわれる、魚介類の肉の部分を取り出して塩を加え、米飯に漬けて乳酸発酵させた保存食である。『養老賦役令《ようろうふえきりょう》』（七一八年）に「鮨」「鮓《すし》」の字がすでに登場する。しかし鮨が多彩さを増し、料理として注目されるようになったのは近世である。従来の保存用の熟鮨のほかに、酢や酒、塩を加熱して飯に混ぜてつくる早鮨《はやずし》、魚を枠に入れ重しを加えてつくる押鮨《おしずし》、箱鮨《はこずし》、太巻《ふとま》き鮨《ずし》、江戸で生まれた握《にぎ》り鮨《ずし》などがつくられるようになった。おめでたい「寿司」という表記が生まれたのも、江戸時代中期以降とされる。

文政（一八一八―三〇）のはじめに軽く握るだけの「握り鮨」が登場した。それを考案したのが、行商から身を起こした江戸の本所《ほんじょ》の華屋《はなや》与兵衛《よへえ》だったとされる。「握り鮨」

は、江戸っ子のあいだで「与兵衛鮨」として有名になり大繁盛した。主なネタになったのは、アナゴ、シバエビ、ハマグリ、トリガイ、イカ、タコ、卵焼きであり、手軽につくれるファーストフードのようなイメージだった。与兵衛は、解毒《げどく》作用のあるワサビを使い、茶を出すなどの工夫を加えて、鮨の普及に努めた。幕末になると、コハダ（コノシロ）の鮨が流行する。

　与兵衛鮨ではネタとして扱われなかったが、握り鮨が広く普及するきっかけになったのは古来下魚《げざかな》とされてきたマグロをどのように食べたらいいのかという問題が生じたためだった。黒潮の流れに変化が生じたことから、一八三六―三七（天保七―八）年に江戸前に大量のマグロが押し寄せたのである。一日に一万尾が水揚げされるほどだったという。当時はマグロ一尾の値段がたった二〇〇文になる。

　そうした安価なマグロをなんとか活《い》かそうとして「握り鮨」にマグロのネタが登場するようになる。そば一杯の値段が一六文のときに、三尺のマグロが二〇〇文で買えたというから上手く加工して売れば大儲《おおもう》けになったのである。そこでマグロは、醤油につけて「ヅケ」として利用されるようになった。それにしても、一尾につき一両から二両の値がついた初鰹《はつがつお》とマグロの価格差には愕然《がくぜん》とさせられる。

　マグロがそれほどまで卑しめられた理由は、古代にマグロ、キハダ、ビンナガなどがシビと呼ばれたことにあった。「シビ」という言葉が「死日」を連想させ、不吉な魚とされたのである。白身魚を好んだ貴族の味覚に合わないという理由もあった。

江戸時代になると「シビ」は江戸で「マグロ」と呼ばれるようになり、漁獲量が増えるにつれて大衆魚になった。『江戸風俗志』によると、一八世紀中頃までは、「サツマイモ、カボチャ、マグロなどははなはだ下品にて、町人も表店住《おもてだな》の者は食することを恥ずる体なり」という状態だったのである。

ところで握り鮨と同じように、庶民に馴染み深いファーストフードとなったのが稲荷鮨《いなりずし》だった。天保七（一八三六）年の大飢饉《だいききん》の際に名古屋で油揚げの中に豆腐のおからを詰めて売りに出したのが、稲荷鮨の最初とされる。稲荷鮨は、簡単につくれ、安く、栄養分に富むということで評判を呼んだ。江戸では嘉永年間（一八四八―五四）に、日本橋十間店《にほんばしじっけんだな》の次郎吉が赤い鳥居を書いた行灯《あんどん》を掲げて行商してから大流行し、稲荷鮨の名が一般に知れ渡ったとされる。

串刺し天麩羅も屋台で

てんぷらに「天麩羅」という当て字をしたのは、江戸時代を代表する戯作者、山東京伝《さんとうきょうでん》（一七六一―一八一六）だとされる。「天」は天竺《てんじく》、「麩」はコムギ粉の衣、「羅」はうすものの意味である。徳川家康《とくがわいえやす》が食べた天麩羅は魚や鳥の肉を油で揚げる素揚《すあ》げだったが、江戸時代の中期になるとナタネ油の生産が軌道に乗ったことにより天麩羅が大衆化し、コムギ粉の衣をつけて揚げることが江戸からはじまった。山東京伝が天麩羅と呼んだのは、この衣をつけた天麩羅のことである。一七四七年に冷月菴谷水《れいげつあんこくすい》が著した『歌仙の組糸』は、「てんぷらは、何魚にしても、うんとんの粉（コムギ粉）をまぶして揚ぐるなり。菊の葉てんぷら、また、ゴボウ、蓮根《れんこん》、長芋その他何にてもてんぷらをせんには、うんとんの粉を水、醬油とき塗りつけて揚ぐるなり」と記している。

江戸では、江戸前のクルマエビ、アナゴ、ハゼ、イカ、キス、シラウオなどの魚を揚げたものを「天麩羅」、野菜を揚げたものを「あげもの」「ごまあげ」と呼んで区別した。屋台で食べやすいように、ひとつひとつの具を串に刺して揚げたのだという。天麩羅を串に刺して揚げるのは、ファーストフードとしての特性からきている。一串は四文とされ、鮨一個とほぼ同じ値段だった。

天麩羅も、江戸前の魚に串を刺し、さっと揚げて食べるファーストフードとして庶民のあいだで人気をえた。串に刺したあったかい天麩羅を、つけ汁と大根おろしで食べたのである。

関西では魚の練り物を油で揚げたものが天麩羅と呼ばれ、江戸の天麩羅は「付け揚げ」と呼ばれて区別された。両者が統合されるのは、明治になってからのことである。

江戸末期になると、天麩羅が一般化し「金麩羅《きんぷら》」などという揚げものも登場するようになった。両国柳橋《りょうごくやなぎばし》の深川亭文吉が、ソバ粉で衣をつくることを考えたのである。天麩羅と比べると色が黒いが、そば固有の風味が評判を呼んだ。ソバ粉による「組み替え」が、成功したのである。衣に卵の黄身を混ぜたのでこのように呼ばれたというのは、どうも俗説らしい。

明治時代に東京で繁盛した天麩羅屋は銀座の天金、新橋の橋善であり、いずれも庶民的な店だった。当時の天麩羅のネタの代表はクルマエビとアナゴだったが、日本橋の魚河岸で天金がクルマエビ、橋善がアナゴの優先的選択権、購入権をもっていたという。天麩羅屋が高級化するのは、「座敷天麩羅」が登場する大正時代だという。

4　全国化した浅草海苔と佃煮

「浅草海苔」は品川沖から

海苔《のり》は、アマノリ（アサクサノリ）を紙のようにすいて乾燥させた食品である。香ばしい焼き海苔は、いまでも朝の食卓に欠かすことができない。この海苔の起こりは江戸時代で、品川沖がその産地だった。それなのになぜ浅草海苔と呼ばれるのだろうか。浅草観音の伝説との関係で、浅草海苔が推古《すいこ》朝（七世紀）から名物として広く知られていたという説もあるが、実際に海苔という名称が広がるのは江戸時代の寛永年間（一六二四―四四）になってからである。

徳川氏が江戸に入城したのち、魚介類の供給地とされたのが江戸前（江戸城の前面）の漁場だった。金杉、本芝、品川である。しかし江戸が繁栄するにつれて、金杉、本芝地区の商業化が進み、目黒川（旧名品川）が流入する天王洲《てんのうず》、隣接する立会川《たちあいがわ》の河口部の大井鮫洲《さめず》にいたる品川が親浦として「御《お》菜八ヶ《さいはちが》浦《うら》」の先頭に立つことになった。万治《まんじ》年間（一六五八―六一）の『東海道名所記』には「品川海苔とて名物なり、色赤く形トサカ海苔の小さきものなり」と、海苔についての記述がなされているという。

ノリ養殖は、偶然からはじまった。当時の品川沖には、天候にかかわらず江戸城に魚を献上する必要から、ナラ、クヌギなどの枝、タケを突き立てた簡単な生簀《いけす》がつくられ、いつでも献上できるように魚を準備していた。その木材は「ヒビ」と呼ばれたが、ヒビに付着した紅藻《こうそう》類、藍藻《らんそう》類がやがて創建された寛永寺《かんえいじ》に食材として納められるようになった。「ナマグサはお城へ、精進ものはお山へ」という言葉は、そうした状況をさしている。「のり」の名称は、海苔が美味であるところから仏法の「法《のり》」のようだということで命名されたという説がある。

寛永年間から元禄年間（一六八八―一七〇四）になると、漁師たちはヒビを立てて意識的にノリの栽培を行うようになった。

品川沖でとれたノリの加工は、上野寛永寺が造営されたときに檀那《だんな》の多くが、古くからあった浅草寺《せんそうじ》の関係者だったこともあって浅草の業者が担うようになる。しかし、ノリが乾燥されるようになった経緯は明らかではない。一説によると、当時の浅草は古紙を集めて再生させる仕事がさかんに行われており、その職人が浅草紙のすき方にヒントを得てノリを紙のように乾燥させる方向に組み替えたという。つまり、生海苔を真水に混ぜ合わせたものを紙をすく方法で乾燥化させたのである。享保（一七一六―三六）の頃になると、浅草海苔は江戸市中に広まることになった。

乾燥させた海苔は「モノを包む」ことができるという特性があり、コメを具とともに包んで食べることができるという点で便利だった。醬油との味の相性もよかったため、醬油の普及とともに広く浅草海苔は食卓にのぼった。浅草海苔は江戸から上方に「のぼった」、最初の食品だったとされている。

江戸土産として全国化した佃煮

魚介類や海藻などを調味料で濃く煮詰めた保存食が、佃煮《つくだに》である。徳川氏の江戸入府は一五九〇（天正一八）年だったが、当初幕府が消費する魚を確保するのがむずかしかった。家康は、かつて摂津《せっつ》の多田の神廟《しんびょう》と住吉神社に詣でた際に、船を出して手助けした摂津の佃村の漁師三四人を江戸に呼び寄せ、将軍家のお抱え漁師としてシラウオなどの漁にあたらせた。

彼らは最初、安藤対馬守《つしまのかみ》の屋敷内に居住していたが、正保年間（一六四四－四八）に大川の河口に離れ地が築かれると、そこに移住させられた。佃島《つくだじま》である。

家康はシラウオが大好きで、彼らに伊勢湾から品川沖に移したシラウオの漁業特権を与えた。毎年暮れから春先にかけてシラウオ漁が佃島沖で行われたが、芭蕉《ばしょう》の句に「白魚に値あるこそうらみなれ」とあるようにたいへんに高値だった。

佃島の漁民たちは、自分たちを取り立ててくれた家康に恩義を感じ、その命日の四月一七日に「おみき流し」をした。そうすることでベラという魚が頭に葵《あおい》の紋をつけたシラウオに変わると言い伝えたのである。

佃島の漁民が、隅田川《すみだがわ》の雑魚《ざこ》に味付けし、煮詰めて自家用の食料、保存食にしたのが佃煮だった。最初は塩で煮付けたものがやがて醬油煮に変わり、みりんを加えるようになった。長時間煮たことで味が濃くなり、骨が軟らかくなって食べやすくなった。

一八五八（安政五）年頃に余った佃島の煮物が売りに出されると、味がよいうえに安くて保存がきくところから庶民のあいだで重宝され、江戸に参勤交代で上がった下級武士の江戸土産としても大評判になった。日もちがよいことから、武士が土産として郷里に持ち帰ったのである。佃煮の全国化は、参勤交代というシステムに支えられた江戸が新文化の発信源となったことを物語る例として興味深い。

全国に佃煮の調理法が広まるが、本家本元が佃島だったところから、各地でつくられる同様の食品も佃煮と呼ばれることになった。

5 新香から沢庵へ

新香という言葉の由来

古来、野菜は塩漬けにして保存されてきた。ところが室町時代になると、禅宗の寺院では味噌漬けがさかんにつくられるようになる。八代将軍の足利義政《あしかがよしまさ》の時代には、「茶の湯」で味噌漬けが好まれたこともありもっぱら味噌漬けがつくられた。

味噌は香りが高いところから「香」と呼ばれていたが、漬け物も味噌との関係で「香のもの」と呼ばれるようになる。「新香《しんこう》」「香々《こうこう》」などの呼び名もそれによる。「新香」に「お」を付したのが、「おしんこ」である。

食後の口直しとしての漬け物は、茶道とも深い関係をもっていた。また聞香《もんこう》でも、味覚や臭覚を一新するためにダイコンの塩漬けや糠味噌《ぬかみそ》漬けが用いられたとされる。ダイコンの漬け物の匂いをかいで鼻の調子を整えたのである。しかし、それをダイコンの漬け物といったのでは優雅さに欠ける。そうした意味合いからダイコンの漬け物は「香のもの」と呼ばれるようになった。ダイコンは茶道や香道とも密接なかかわりをもつ、日本を代表する野菜になったのである。

江戸の漬け物屋の元祖とされるのが、明暦の大火の際に木材を販売して大儲《おおもう》けをした江戸の豪商、河村瑞賢《かわむらずいけん》である。伊勢から江戸に上がった瑞賢は、最初はうだつが上がらないことから上方に戻ろうとした。その途中で小田原で同宿した老僧から、「繁盛している江戸から逃げ出すようでは、なにをやってもうまくいくまい」と諭されて江戸に戻ることにした。帰途、彼は品川で盂蘭盆会《うらぼんえ》のあとの浜辺にウリやナスがちらばっているのに気がつき、それらを集めて塩漬けにし、普請場などにもち込んで安く売った。そこから彼の豪商への道がはじまったという。漬け物が、豪商を誕生させるきっかけになったのである。

生干しダイコンを甘塩であっさりと漬けた浅漬けを、江戸ではべったら漬けと呼んだ。恵比須《えびす》講の前夜の陰暦一〇月一九日に日本橋、大伝馬町《おおでんま》の界隈《かいわい》にべったら市が立ち、粕《かす》がついたままの浅漬けダイコンを売る習わしだった。縄でしばった浅漬けを若者たちが、ふざけて婦人の着物に付けるふりをして「べったら、べったら」と言って歩いたことから、べったら漬けの名がついたという話がある。

練馬ダイコンと沢庵漬け

日本人のダイコンに対する親密感、信頼感はとても強い。そうした感覚が、「大根役者」という言葉を生んだようである。ダイコンの白いことが「素人《しろうと》」を連想させたという説もあるが、やはりダイコンは「どのように料理し、いくら食べてもアタラない」というイメージとダブらせた説のほうが面白い。日本人は、大根という食材に親しみと安心感をもっており、大根に対する親しみが「大根役者」という、なにを演じてもあたらない役者の名誉ある称号を生み出したというのである。

ダイコンはとても古い食材で、古代エジプトではニンニク、タマネギなどとともにクフ王の巨大ピラミッドの建設にたずさわる労働者の主な食料になっていた。ダイコンの原産地はコーカサス地方とか地中海沿岸といわれるが、定かではない。古代エジプトでは野菜、薬草としてダイコンが栽培されていたようだが、根が細い現在のダイコンのイメージとはほど遠いものだった。品種改良により、ダイコンを太く立派な野菜に仕立て上げたのは日本人だといわれている。

ヘブライ人の社会では、出エジプトを記念して春に祝われる過越祭《すぎこしのまつり》のときに、子ヒツジの生け贄《いにえ》を捧げ、祖先の苦しみをしのぶために、発酵させていないパンを食べたが、その際にレタスやパセリと一緒にダイコンが出されたという。ダイコンは、パレスチナにおいても春に欠かせない食材だったのである。日本でいえばフキやウドのようなものだったのであろうか。

ギリシアやローマでも、ダイコンはさかんに食べられた。しかし、そのダイコンは根が細くてどちらかというとハツカダイコン（二十日大根）に近く、かたちも丸型から細長いものまであり、色も白、黄色、緑、赤と定まらなかった。

中国にダイコンが伝えられたのは、いまから五〇〇〇年前のことでそれ以後品種改良が繰り返された。日本にダイコンが伝えられるのは奈良時代以前で、庶民の生活と密着した野菜になった。ダイコンは最初は「オオネ」と呼ばれていたが、平安時代中期に漢字で「大根」と書くようになり、室町時代以降、「大根」を音読みしてダイコンと呼ぶようになったとされる。

江戸時代には、京都の聖護院《しょうごいん》ダイコンなど多くの品種が生み出された。ダイコン文化の全盛期だったのである。江戸のダイコンの代表格は、なんといっても練馬《ねりま》ダイコンである。

五代将軍綱吉《つなよし》が右馬頭《うまのかみ》のときに脚気《かっけ》を患い医者にかかっても治らないので陰陽師《おんようじ》に占わせたところ、「江戸城の西北で、馬という字のついた地を選んで養生すれば治る」と告げられた。そこで綱吉は練馬を選んで療養し、脚気を完治させた。綱吉は療養生活中に退屈を紛らわすために、尾張《おわり》から宮重《みやしげ》ダイコンの種子をとり寄せて下練馬村桜台に植え、それが練馬ダイコンのはじまりとされる。現在練馬区春日町の愛染院《あいぜんいん》の境内にダイコンの由来を示す「練馬大根碑」が建てられている。

ダイコンは、鍋料理では汁のうま味を吸収し凝縮する食材として歓迎されたが、漬け物の王者沢庵《たくあん》（あるいはタクワン）にもなった。ダイコンを乾燥させたのち、糠《ぬか》と塩で漬ける沢庵漬けである。起源は、品川の東海寺の開山の沢庵和尚《おしょう》によりはじめられたとも、寺の境内にある沢庵の墓石が漬け物の圧石《おもし》に似ているからともいわれている。また「たくわえ漬け」が訛《なま》ったという説もある。簡素な食を求める禅僧が、大衆的な食材のダイコンを使い創意工夫を加えて民間に普及させたので、こうした名がついたのであろう。また、薬効があるウコンを加えて黄色く着色させたものもつくられるようになった。

しかし、漬けるのに手間暇がかかる沢庵は、「宵《よい》越しの金は持たない」というように短気な江戸の庶民の気風には合わなかった。商家などでは、板橋などの農家に沢庵の漬け込みと保存を依頼し、自宅には糠床《ぬかどこ》を置かない風潮が強かったという。

6　スイカ、インゲン、サツマイモ

赤い実が気味悪がられたスイカ

スイカの起源は紀元前二〇〇〇年前のエジプトで、一一世紀頃にシルクロードを通り中国に伝えられた。しかしスイカの日本への伝来は、意外に新しく江戸時代に入ってからである。一六四八（慶安《けいあん》元）年頃に日本にやってきた黄檗宗《おうばく》の僧隠元《いんげん》が中国からスイカの種を持参したとも、琉球《りゅうきゅう》を経て一六二四年頃に薩摩《さつま》に伝来したともいわれる。いずれにしてもスイカは明《みん》が滅び、清《しん》に移行する時期に日本に伝来したことになる。最初はスイカは実の赤いのが気味悪がられ、あまり食べられなかった。『和漢三才図会《わかんさんさいずえ》』には、青臭くて気味悪い、赤い色をしていて血肉に似ている、と記されている。

一六五一（慶安四）年には由比正雪《ゆいしょうせつ》の乱が発覚して江戸市中をにぎわしていたが、その翌年にスイカが江戸に入ったとされている。スイカを見た人びとは、スイカの中身が赤いのは「自殺して果てた正雪の亡霊が乗り移っているからだ」と噂《うわさ》して気味悪がったという。江戸に伝えられた時期が悪かったようである。スイカが庶民の夏の味覚としてうけいれられるようになるのは一七七〇年代のことで、露店での切り売りがさかんに行われるようになった。

しかし一方で、スイカは一四世紀後半には、日本に伝えられていたとする説がある。南禅寺《なんぜんじ》の住職の義堂周信《ぎどうしゅうしん》がスイカを詩に詠んでいるという。そういえば、飛喜百翁《ひきひゃくおう》が千《せん》利休《のりきゅう》に砂糖をかけたスイカを供したときに、利休が砂糖のかかっていないところだけを食べて帰り、門人にスイカにはスイカのうま味があると語ったという有名な話もある。

インゲンマメはキューバ産

インゲンマメ（隠元豆）は、一説では江戸時代初期に日本に亡命し黄檗宗を伝えた隠元禅師が、スイカの種とともにその種を日本にもたらしたとされている。隠元は女真人《じょしん》が建てた清に服することを拒み、日本に亡命した。彼は煎茶《せんちゃ》や普茶《ふちゃ》料理という精進料理を伝えた人物だが、そのうちのゴマ豆腐や、豆腐に野菜を取り合わせて油で揚げたり蒸したりする「けんちん」などは、現在に受け継がれている。ちなみに「普茶」とは、「人びとに茶を出して、もてなす」というような意味である。

日本では中国風に呼びならわされているインゲンマメ（kidney beans）は、じつは「大航海時代」以降に世界を大移動した食材のひとつである。

一四九二年に約六〇日の航海の末にカリブ海に達したコロンブスは、その海を巨大な黄金の島ジパングを浮かべるアジアの海「チン（中国）海」と勘違いしてしまった。彼は、キューバ島をハーンが支配する「キタイ（中国大陸北部）」国の一部と勘違いし、その南に位置するハイチ（エスパニョーラ）島を「黄金の島ジパング」と誤認した。

コロンブスは使節と通訳をキューバ島に送り、ハーンとの接見をめざしたが果たせず、結局、キューバで発見されたのはハンモックとタバコとインゲンマメだったという。もっともインゲンマメは、コロンブスの第二回航海の際にスペインに持ち帰られたという説もある。

キューバでは現在も、黒インゲンとコメにブタ肉かハムを混ぜる「モロス・イ・クリスチアノス（ムーア人とキリスト教徒）」という名前の料理がつくられている。白い肌のスペイン人が、黒い肌をしたイスラーム教徒に支配されていた時代をイメージさせるスペイン風の料理である。

インゲンマメがどのような経路をたどって中国に伝えられたのかは、定かではない。たぶん明の末期に海禁政策がくずれて中国商人の密貿易が活性化した時代に、ポルトガル人かスペイン人が伝えたのではないかと考えられる。

ポルトガル商人は中国の密貿易商人と福建《ふっけん》の月港、長江河口の浙江《せっこう》の双嶼《そうしょ》港、のちには広州湾のマカオで貿易を行っており、スペイン人はメキシコのアカプルコ港とフィリピンのマニラ港のあいだにガレオン船という巨大な貿易船による定期航路を開き、銀を求めてマニラにやってくる福建商人とのあいだに大規模な取引を行っていた。

明に書かれた『本草綱目《ほんぞうこうもく》』（一五九六年刊行）にはインゲンマメの記載があるので、遅くともその時期までにはインゲンマメが中国に伝えられたと考えられる。インゲンマメは、現在フランス料理や中華料理でさかんに食べられる食材である。

大農民反乱で衰退した明は東北の異民族、女真人により征服された。一六四四年に清が成立すると、沿海部を中心に明の復帰をめざす復明運動が起こった。台湾海峡に面した厦門《アモイ》港を根拠地とする海商の鄭成功《ていせいこう》は、台湾南部の台南《たいなん》に拠点を築いていたオランダ勢力を打ち破り、台湾に商業帝国を築いて激しく清に抵抗した。

そのときに明の復興を求める多くの人びとが日本に渡り、幕府に支援を要請した。そのなかに日本で黄檗宗という新しい禅宗を広め、宇治《うじ》に黄檗山万福寺《まんぷくじ》を開いた隠元禅師がいた。彼が、一六五四年に来日した際にインゲンマメを日本に伝えたとされ、アメリカ原産のマメが日本では「隠元豆」と呼ばれることになるのである。もっとも、隠元が日本に伝えたのはインゲンマメではなくアフリカ原産のフジマメだとする説もある。

メキシコからのサツマイモ

中南米原産のサツマイモは、メキシコの太平洋岸の良港アカプルコからフィリピン群島のマニラに渡り、やがて貿易関係にあった明に伝えられた。サツマイモの伝播《でんぱ》ルートになったのが、一六世紀の後半以降、新大陸で産出された安価な銀で中国の絹や陶磁器などを大量に買いつけるために太平洋を横断する、マニラ・ガレオン貿易であった。

一五七一年に、五隻の艦隊を率いてメキシコを出たスペイン人レガスピが、イスラーム商人が支配するルソン島の中心港マイニラ（マニラ）を占領し、メキシコのアカプルコとマニラを結ぶガレオン貿易を開始する。ガレオン貿易は、太平洋のモンスーンを利用するメキシコからマニラへの往路の航海が九〇日、黒潮に乗っての日本沿海を北上し、三陸《さんりく》沖から偏西風に乗ってメキシコに戻る復路が五か月前後もかかるというたいへんに困難な貿易だった。スペイン人が苦労して新大陸から運んできた安価な銀は、マニラで中国商人が運んできた絹や種々の日用品と取引された。彼らが、アジアから新大陸に運んだ絹の価格は、スペインのバレンシア地方から新大陸に運ばれた絹の価格の八分の一だったという。

東アジア海域の最初の国際貿易港マニラから中国に向けて、大量の銀と一緒に新大陸の作物も流れ込んだ。その代表が、サツマイモである。メキシコ先住民が「カモテ」と呼んだサツマイモは、ガレオン貿易の副産物としてルソン島にもたらされ、やはり「カモテ」と呼ばれて貧しい人びとの食料にされた。「カモテで暮らす」という言葉は、極貧の生活を意味したのである。

一六世紀中頃にルソン島から福建にサツマイモを運んだ人物が、福州の商人、陳振《ちんしん》龍《りゅう》だった。彼はサツマイモがすぐれた農作物であることを見抜き、船の帆縄にサツマイモのツルをないこんで、ひそかに福州に持ち帰った。陳振龍の息子、陳経綸はその後、一五九四年に福建地方に飢饉《ききん》が広がったときに、すぐれた救荒作物としてサツマイモを福建巡撫《じゅんぶ》の金学曾に献上した。

金はサツマイモをすぐれた救荒作物として認め、栽培の普及に努めた。そのためにサツマイモは彼の名前をとって「金薯」と名付けられ、福建農民のあいだでもてはやされたという。金学曾を、中国版の青木昆陽《あおきこんよう》と考えればわかりやすい。

明末の著名な農学者、徐光啓《じょこうけい》は、一六〇八年の凶作の際にサツマイモの噂を聞きつけて種芋を上海に運び、普及に努めた。彼の代表的な著作の『農政全書』にも、サツマイモの栽培法がとり上げられている。徐光啓は、福建・広東などの、農地が不足する海外貿易のさかんな地域で、サツマイモが大規模に栽培されて多くの人びとを飢えから救ったと述べている。

サツマイモが穀物栽培に適さない痩《や》せた土地でも栽培が可能なことが知れ渡ると、清の初期には沿海地域や黄河流域の荒地に栽培が普及した。そうしたこともあって、漢代以降、五〇〇〇万人から一億人程度で停滞していた中国の人口が、一挙に四億人に激増したのである。

サツマイモは、海上交易のルートをたどって一六〇五年頃に琉球に伝えられ「カライモ」と呼ばれた。「中国のイモ」というような意味である。

福州に赴いた琉球の役人が種芋を沖縄に持ち帰ったとされているが、その伝播はマニラから福建にサツマイモが伝えられた約一〇年後であり、サツマイモの伝来が意外に早かったことがわかる。当時の琉球は明から特別扱いされて勘合貿易の埒外《らちがい》におかれ、勘合符を持参せずに貿易を行うことを特別に許可されていた。福建人の琉球への移住も多かったのである。

琉球に持ち込まれたサツマイモは、やがて主食の地位を占めるようになった。沖縄本島から先島《さきしま》にかけては、柳田國男《やなぎたくにお》氏が「カライモ地帯」と呼んだように、サツマイモを主食とする地域になったのである。

その後サツマイモは、琉球から鹿児島・長崎地方に伝えられ、今度は「リュウキュウイモ（琉球イモ）」と呼ばれた。とくに火山灰地で土質が悪く農業条件に恵まれない鹿児島地方ではサツマイモの栽培がさかんになり、元禄時代（一六八八―一七〇四）になると西日本を中心にかなり栽培が普及している。

庶民に親しまれた焼き芋屋

幕府がサツマイモ栽培に注目したのは、長崎に寄港した福建の厦門の船頭の李大衡《りだいしょう》にサツマイモの栽培法を記録させた通詞（通訳）が、それを翻訳して将軍吉宗《よしむね》に伝えたためであった。幕府は蘭学者の青木昆陽に命じて小石川《こいしかわ》薬園でサツマイモを栽培させ、「サツマイモ」という名で種芋を地方に配布した。サツマイモは、明和（一七六四―七二）、天明（一七八一―八九）、天保（一八三〇―四四）などの大飢饉《だいききん》に際して多くの人命を救い、救荒作物としての地位を不動のものにした。

多くの人命を餓死《がし》から救った青木昆陽は、「蕃薯《ばんしょ》先生」「甘薯《かんしょ》先生」として多くの人びとに崇められた。東京の目黒不動の境内には、「甘薯先生之墓」がのこされている。

偉大なのは人びとの飢えを救う食材の交流だが、青木昆陽は熱心にその交流を促したのである。

栽培が普及すると、サツマイモは江戸庶民のあいだで焼き芋として親しまれた。焼き芋屋の誕生は江戸後期の寛政年間（一七八九―一八〇一）、神田甚兵衛のもとで「原の焼き芋」として売り出されたのが最初とされる。

クリ（九里）のうまさに近いという意味の「八里半」という呼び名も生まれ、「九里よりうまい一三里半」と、「より」を四里にかけて美味《おい》しさを強調した呼び名もできた。ちなみに上方では蒸し芋として売られたという。

7　初鰹と目黒のサンマ

みえっぱりな江戸っ子と初鰹

鎌倉時代までは支配層の人びとはカツオを下魚として口にしなかったが、武士の時代になるとカツオが「勝男」に通じるところから、縁起をかつぐ武士が出陣の前に初鰹を食べる習慣がはじまった。カツオの産地になったのは、黒潮が流れる薩摩、土佐、紀伊、駿河《するが》、伊豆《いず》という太平洋岸だった。『本朝食鑑《ほんちょうしょっかん》』には、「刺身によく、霜降り、生《なま》りにつくるとてよし、生りは夏期の賞味たり。また鰹節、鰹醤を製す」とあり、多様なカツオの食べ方があったことがわかる。

しかし、輸送機関が整っていない時代にはるかに沖合でとれるカツオを、生で食べるのは容易なことではなかった。鮮度を保つことがむずかしかったのである。

五月に初鰹を食べる習慣は元禄時代以後の江戸時代に頂点に達し、「女房を質に置いて」でも初鰹を求め、初鰹を食べないのは江戸っ子の恥といわれるほどになった。相模湾でとれたカツオを江戸まで運んだのだから鮮度の点からもお世辞にも美味とはいえなかったはずだが、初物のカツオの値段は一尾、二両から三両もしたという。

初鰹の高値は、古川柳に「四月上旬に小判を味噌《みそ》で食ひ」と歌われるほどであった。初鰹が高値を呼んだ理由のひとつは、脂がのっていないことだった。当時は淡泊な魚味が好まれ、今日とは逆で、トロなどはお金を積まれても食べなかったのである。

こうしたカツオブームは関西にはなく、江戸固有の社会現象だった。初物を食べると七五日長生きできるという言い伝えと江戸っ子の初物好き、みえっぱりが重なり合ったようである。ちなみに当時の江戸っ子は、辛子《からし》味噌をつけてカツオを食べたという。

一八一二（文化九）年、四月の解禁日より前の三月二五日に河岸に初入荷した一七本（一六本説もあり）のカツオのうち六本が将軍に献上され、三本が高級料亭の「八百善《やおぜん》」

に二両一分で買い取られ、一本を歌舞伎役者の中村歌右衛門《うたえもん》が三両で買い取り、役者、裏方に振る舞ったと、大田南畝《おおたなんぽ》が書きのこしている。当時の一両は、現在の六万円以上である。

経済観念が発達している大坂では、ステイタスとして初物の魚を買い漁《あさ》るというようなばかなことはなされなかった。瀬戸内海では、四月頃に産卵期を迎えて浅い瀬に群れるタイが「魚島《うおじま》」と呼ばれて賞味された。大坂人は、手頃な値段で買える「旬」の食材を楽しんだのである。

目黒のサンマはなぜうまい？

サンマ漁は日本固有であり、サンマを対象とする漁業は外国にはない。じつはサンマ漁は、江戸時代にはじまるのである。一七世紀後半の延宝《えんぽう》年間（一六七三―八一）にサイラ大網（サイラは関西地方のサンマの異称で、巻き網の一種）が紀伊（和歌山県）で行われたことが端緒になる。最初はイワシ網に入るサンマをとっていたのだが、本格的なサンマ漁がはじまるのである。

少し遅れて安房《あわ》（千葉県）にもそれに類した漁法が起こり、江戸時代中期にはじめてサンマは大衆的な魚になった。サンマの漁場になったのは、主に千葉以北である。

江戸時代中期に太田全斎が編纂した『俚言集覧《りげんしゅうらん》』には、「さんま、三馬、魚の名、サヨリに似たり、塩漬けにして江戸へ送る」とあり、サンマという名が普及していたことがわかる。サンマを「秋刀魚」と書くのは、秋にとれる体長約四〇センチくらいの刀のように細長い魚の意味である。安永（一七七二―八一）の頃にサンマは庶民のあいだに流行するようになり、寛政（一七八九―一八〇一）の頃になると支配層にも広まったとされる。サンマは、江戸時代に食べられるようになる大衆魚のニューフェイスだったのである。

しかし流行《はや》りはじめると、「サンマが出るとアンマが引っ込む」という言葉ができるほどで、健康を増進させる食材として庶民のあいだで大歓迎された。サンマは、江戸っ子の秋の味覚になったのである。

そうした庶民の食材のサンマを取り上げた落語が、「目黒のサンマ」である。家来を引き連れて目黒まで遠乗りに出向いた殿様が休憩した農家でサンマを振る舞われ、その味が忘れられなくなる。しかし、殿様の食膳《しょくぜん》には大衆魚のサンマはけっしてのぼらない。殿様のサンマへの思いは募っていく。

あるときに親戚の家に出向いた殿様は、「なにか食べたいものは」と問われてサンマと答える。そんな下魚をと思いつつ河岸からサンマが取り寄せられ、上品に一度蒸したのちに焼かれて食膳にのせられることになった。それを口にした殿様は、サンマをどこから取り寄せたのかを問い、日本橋の河岸で取り寄せたと聞いて得心する。そこで殿様の口から出た言葉の「やっぱりサンマは、目黒にかぎる」が落語のオチになる。殿様の世間知らずを揶揄《やゆ》し、庶民の知恵をサンマの味に象徴させている。ちなみにサンマの呼び名は、体が狭長なためにサマナ（狭長魚）と呼ばれたことからきているという。

竹輪・かまぼこの起源

日本列島における練り物の歴史は長い。食品の保存と食材としての汎用性《はんよう》の獲得が目的だった。「つみいれ」あるいは短縮して「つみれ」は、イワシなどの小魚を包丁で叩いて団子状にして煮たものだが、その歴史はきわめて古い。鎌倉時代に宋からすり鉢が伝えられると、魚肉のすりおろしがさらに容易になった。

江戸時代になると、竹輪《ちくわ》、かまぼこというような練り製品が発達する。一六八四（貞享元）年の黒川道祐《どうゆう》の『雍州府志《ようしゅうふし》』によると、はじめのかまぼこは、魚のすり身をタケ、鉄、黄銅《しんちゅう》などの棒にすりつけて焼いてつくったが、のちに板につけて焼く製造法が現れたため、竹輪かまぼこと板つきかまぼこを区別することが煩《わずら》わしくなり、先の切り口が竹の輪に似ていることをとって前者を竹輪と呼ぶようになったとされる。

板つきかまぼこについては、一五〇八（永正五）年の『食物服用之巻』（小笠原備前守政清）に、「かまぼこは右にて取り上げ、左へ取りかえ、上はなし、中はゆび、下はいたともきこえしめす也。きそくかけとて板の置やうに口伝あり」とあるところから板つきかまぼこも、竹輪かまぼこができるとすぐにつくりはじめられたらしい。その後、製法は各地方で特色のある成長を遂げていった。小田原、仙台、和歌山、山口などのかまぼこが有名である。

はんぺんは、魚の肉をたたいて蒸した食品である。その由来には諸説あるが、一説によると慶長年間（一五九六―一六一五）に駿府《すんぷ》に住んでいた反平という人がつくりはじめたことからその名前が訛ったとも、すった魚の肉をお椀《わん》の蓋《ふた》に盛ってつくったことから、かたちが半円になるので「はんぺん」と呼んだという説がある。

現在のかまぼこの大部分は、板にのせて蒸す「蒸し板かまぼこ」が主流である。焼いてつくるよりも量産が容易なためと考えられている。

8　江戸の菓子文化と柏餅、きんつば、大福

端午の節句で食べるのはチマキ？　柏餅？

江戸時代は菓子が多様化し、さかんに工夫された時代だった。考えてみると和菓子の起源の大部分は中国にあり、それが「組み替え」られることで和菓子へと変身をとげた。

そうした菓子の代表的なものが関西で多く食べられるチマキと関東の柏餅《かしわもち》である。

五月五日は日本では「こどもの日」だが、もともとは中国の五節句の一つの「端午《たんご》の節句」である。「端」は「はじめ」の意味であり、「午」は「五」に通じるので五月のはじめの節句の意味になる。

端午の節句には邪気を払うためにショウブやヨモギを軒につるし、菖蒲湯《しょうぶゆ》に入り、チマキ、柏餅などを食べる習慣がある。関西でさかんに食べられるチマキの歴史は古く、関東で食べられる柏餅も江戸中期以降に食べられるようになった。餅を柏の葉で包む現在の柏餅ができたのは、九代将軍家重《いえしげ》、一〇代将軍家治《いえはる》の時代、つまり宝暦年間（一七五一—六四）だったと考えられている。

柏餅で、葉が餅を包むために用いられるカシワの木は、落葉樹であるが葉がなかなか落ちず、春に新しい葉が出る直前に葉を落とす。そうした生命力の強さが尊ばれて使われるようになったようである。

餡《あん》が入ったものと味噌の入ったものがあったが、両者の区別がつくように味噌入りの餅は、カシワの葉のおもてが、外にくるようにされたという。

チマキについては、屈原《くつげん》（前三四三頃—前二七七頃）の物語がある。戦国時代（前四〇三—前二二一）の末期にほかの六国に対して圧倒的な力をもつようになった秦《しん》は、張《ちょう》儀《ぎ》（？—前三〇九）を各国に派遣して秦と六国が個別の同盟を結んで平和の維持にあたる「連衡策《れんこう》」を推し進め、自国に有利な国際環境をつくり出そうとした。

そのときに南の大国、楚《そ》の左徒（政務次官）だった屈原は、斉《せい》と結んで強大な秦に対抗する「合縦策《がっしょう》」を説き、懐王の信頼を得た。

ところが、屈原は張儀の企《たくら》みで国政から遠ざけられ、懐王が秦に呼び出されてその地で死ぬと政敵により楚から追放された。大国、秦の力が楚を呑み込もうとヒタヒタと迫ってきたのである。

屈原は、楚の行く末を案じ、憤り、悲嘆にくれながら洞庭湖《どうていこ》のあたりをさまよい続け、楚に伝えられた独特の様式の『楚辞《そじ》』という一連の詩をつくった。それは『詩経《しきょう》』とともに、中国古代詩の二大源流に数えられている。『楚辞』の一節を原典とする、「羹《あつもの》に懲りて膾《なます》を吹く」は有名な言葉だが、原文では、その後に「それなのにあなたはどうして志を変えないのか。梯子を捨てて天に登ろうとする。」（星川清孝訳）という大神の言葉が続く。

失意の屈原は楚を憂う志を変えることなく、汨羅《べきら》の川に石を抱いて身を投じて命を絶った。楚は、前二二三年に秦に滅ぼされてしまう。

楚の人びとは屈原の憂国の志をしのび、屈原の命日の五月五日になると、タケの皮にコメを包み、水中に投じてその魂を慰めた。漢代には、湖南《こなん》の長沙《ちょうさ》で、ある人物に屈原の霊が会い、毎年自分のために川にコメを投げ入れてくれるのはありがたいが、竜の子に食べられてしまうので、筒の先を栴檀《せんだん》の葉で覆い、五色の糸でしばってほしいと願い出たと語ったという話が広まった。その言い伝えが広まってチマキのかたちができてくるが、現在はササの葉で包み、イグサでしばって蒸している。チマキの日本への伝来は非常に古く、平安時代の陰陽師《おんようじ》、安倍晴明《あべのせいめい》は、チマキは悪鬼をかたどっているので、これをねじ切って食べると鬼神を降伏させられると述べている。

ぎんつばからきんつばへの転身

五代将軍の綱吉の時代に京都で、うるち米の粉でつくった皮でアズキの餡を包んで焼くぎんつば（鍔）がつくられ、庶民のあいだに大流行した。ツバは刀のつば（鍔）の意味で、菓子のかたちが刀のつばに似ていたことによる。江戸時代には貨幣の体系が二つあった。上方では銀建て・銀遣いで、丁銀《ちょうぎん》、豆板銀《まめいたぎん》が流通していたが、江戸を中心とする関東は、金建て・金遣いで、小判、二分金、一朱金などがつかわれていた。そのために、江戸でぎんつばが流行るようになると、「銀よりも金」ということできんつばと呼ばれるようになった。菓子そのものも、コメの粉を使ったものからコムギ粉を使ったものに姿を変える。きんつばは江戸庶民のあいだで大流行し、本家のぎんつばは霞《かす》んでしまったのである。

きんつばの全盛期は文化・文政期（一八〇四—三〇）であり、吉原《よしわら》の遊女のあいだに

「年期増しても食べたいものは、土手のきんつばさつまいも」という哀しい歌が流行ったといわれる。きんつばは、庶民のあいだで大人気だったのである。式亭三馬《しきていさんば》の『浮世風呂《うきよぶろ》』にも、どら焼きと並んできんつばが登場する。

のちに高級菓子の老舗《しにせ》として知られるようになる榮太樓《えいたろう》も、日本橋の旧西河岸付近で、屋台のきんつば屋から身を起こしたことは有名である。

象まんじゅうと「米まんじゅう」

江戸時代中期までは、江戸ではまんじゅうがあまり人気がなかった。そうした状況を一変させたのが、ひとつのビッグ・ニュースだった。一七三〇（享保一五）年頃に交趾国《こうちこく》（ベトナム南部）からゾウがもたらされた。ゾウが長崎から江戸に上がる途中で、餡を入れないまんじゅうを餌《えさ》として与えたという噂が広まると、それが刺激の少ない江戸市中の大きな話題となり、「象まんじゅう」ブームが生み出されることになった。

ちなみに江戸で有名なまんじゅうは、「お江戸日本橋」の歌に「鶴と亀との米《よね》まんじゅう」として登場する浅草の鶴屋の「米まんじゅう」であった。米まんじゅうは、コメの粉でつくった皮で小豆餡《あずきあん》を包んだまんじゅうで、かたちは丸く両端がとがっている焼き芋のようなかたちをしたまんじゅうだったが、まんじゅうブームに乗って江戸を代表する菓子になった。もとはといえば、天和の頃（一六八二年前後）に鶴屋の看板娘として江戸で評判を呼んだ美人のお「よね」さんがなかなかのやり手で、独特のかたちをしたまんじゅうを流行らせ、それが看板娘の名前をとって「よねまんじゅう」となり、元禄（一六八八―一七〇四）頃には江戸を代表する菓子になっていったのだという。

温かさが歓迎された大福餅

大福も江戸時代に誕生した。大福の母体になるのは、薄い皮でアズキに塩を加えた餡を包んだ鶉餅《うずらもち》、あるいは腹太餅《はらぶともち》である。中の餡で丸くふっくらとしたかたちになったことから、そのように呼ばれた。

一七七一（明和八）年に江戸の小石川の未亡人がこの鶉餅を小型にし、餡のなかに砂糖を加える「大腹餅《だいふくもち》」を考え出した。しかし、同じダイフクならば「大腹」よりも「大福」のほうが縁起がよいということになり、呼び名が変えられて「大福餅」となった。

やがて、大福餅は、鶉餅を淘汰《とうた》していく。

田沼《たぬま》時代が終わり、松平定信《まつだいらさだのぶ》により寛政の改革が行われた時期に、江戸の町では夜になると焼き芋ならぬ熱く焼いた大福餅を売り歩くことが流行した。籠《かご》の中に小さな火鉢を据え、その上に鍋を置き大福餅を並べて焼きながら売り歩いたのである。冬の寒い夜などは、簡単に食べられる熱い大福餅が歓迎されたようである。

売り歩かれたかりんとう

かりんとうは、漢字で書くと「花林糖」となる。もとをたどると遣唐使などにより唐からもたらされた菓子で、平安時代には「捻頭《むぎかた》」と呼ばれていた。この唐菓子《からかし》が「組み替え」により江戸時代に大衆的な菓子として蘇《よみがえ》ることになる。

江戸時代後期の天保年間（一八三〇―四四）に深川の六軒堀の山口屋吉兵衛という人物が、コムギ粉に卵、砂糖を加えて練り、細長く切って油で揚げ、黒砂糖をまぶした「かりんとう」を売りに出し、江戸っ子のあいだで評判を呼んだ。それまではあまりなかった甘くカリカリと歯ごたえのある食感が庶民に好まれたのである。かりんとうは肩に箱をかけ、下がり藤の紋を描き「花りんとう」の文字を書いた提灯《ちょうちん》をさげた売り子により町々を売り歩かれた。一時はたいへんな売れ行きで、江戸の売り子の数は二〇〇人以上にも達したという。

かりんとう売りは、明治末期までは東京でみられた。印半纏《しるしばんてん》を着た売り子が「カリントウ、雨が降ってもカアリカリ」と言いながら、東京の町を売り歩いていたのである。人びとは親しみをこめて、「カリカリ煎餅屋《せんべいや》」と呼んだ。

第六章　「洋食」の誕生と世界化する食卓

Ⅰ　日本式「西洋料理」

組み替えによる和洋折衷の「洋食」

明治維新後、日本社会は「文明開化」をスローガンにして欧米文化の受容に努めた。しかし、「和魂洋才」という言葉があるようにタテ型社会の日本がヨコ型の欧米社会のシステムをうけいれるのはきわめて限定的だった。ラフカディオ・ハーン（小泉八雲《こいずみやくも》）は赴任していた熊本の高等学校で、一見すると激変したようにみえる日本社会がちっとも変わっていないタテ型社会であることに驚き、明治の変革は他人の力を利用して投げる柔術と同じであると述べている。

西洋料理の導入は、簡単にいえば日本の食文化への肉の組み入れだった。しかし、肉とムギを中心とする欧米の食文化は日本人の舌には馴染みにくく、日本人は頑《かたく》なにコメ文化を守り続けた。長い歳月をかけた組み替えにより、日本の「食」の様式に肉という食材を組み込んでいくことが必要だったのである。パンもアンパンやジャムパンといったまんじゅうを模した菓子パンに姿を変えることになり、なかなか主食の座を奪還できなかった。

新しもの好きの日本人は、あぐらをかいて食べる「安愚楽《あぐら》鍋（牛鍋）」に新しい時代のいぶきを感じたが、それはあくまでも異文化体験であって日常の生活にとり入れられることはなかった。じっくりと時間をかけて、欧米の食材は日本食の様式に組み込まれ、欧米料理は和洋折衷の「洋食」として伝統的な「食」文化に「組み替え」られていったのである。

すき焼きは伝統的な肉の素焼き、関東風のすき焼きは鍋料理への組み替え、トンカツ、フライは天麩羅《てんぷら》の、アンパン、ジャムパンはまんじゅうの組み替えである。

欧米の「食」文化の受容は、獣肉を食べることの解禁からはじまった。古代に仏教文化が広まるなかで、獣肉を食べることが禁止され続けてきた「食」文化の転換である。一八六九（明治二）年には官営の「築地《つきじ》牛馬会社」が設立されて、牛の解体、牛肉の販売がはじめられ、一八七二（明治五）年になると、明治天皇がはじめて牛肉を食べた。しかし、長年の生活習慣を変えることは容易ではなかった。

一八七二（明治五）年になると、専門料理店として築地に精養軒《せいようけん》ホテルが開業。一八七六（明治九）年には、支店として上野精養軒が開業した。一八八三（明治一六）年には東京の日比谷《ひびや》に官営の社交場としての鹿鳴館《ろくめいかん》が開かれ、欧米の生活習慣の模倣が上流階級からはじまるが、「西洋料理」あるいは「洋食」と呼ばれる異質な料理が、庶民生活に浸透するのは明治から大正にかけてであった。その頃になると、何何軒、何何亭という「洋食」の店が巷《ちまた》に広がり、家庭料理にも徐々に「洋食」が浸透することになる。しかし「洋食」は、コメ食を維持しながら欧米の食材を伝統的な料理のかたちに組み込む、和洋折衷料理だった。コメを中心に据えるという発想は、揺らがなかったのである。明治二〇年代の終わり頃に開発されたカレーライスのほか、ハヤシライス、オムライスなどの何何ライスという料理は、それを示している。フランスのクロケット（croquette）をまねた大衆料理コロッケが登場するのは明治三〇年代である。

「洋食」が普及した大正時代

長い時間をかけて「組み替え」が続けられた結果、大正時代になると日本式の「洋食」が食文化の一分野になった。三大「洋食」と呼ばれるカレーライス、コロッケ、トンカツが尖兵《せんぺい》になり、新しい食材、料理法が家庭にも進出した。そのプロセスで、日本人のセンスを活《い》かした「組み替え」も積み重ねられた。トンカツにつける刻みキャベツは、ほかの国の料理にはみられず、日本人の独創性が活かされている。たぶん、刺し身の「つま」の応用であろう。

昭和時代に入ると肉が料理の素材として幅広く使われるようになり、やがてビフテキも食べられるようになる。欧米の料理が、日本的味付けを施したうえでそのまま食卓にのるようになったのである。

コーヒーも、日本社会にはなかなか馴染《なじ》まなかった。一八八八（明治二一）年に外交官として活躍した鄭永寧《ていえいねい》の子、鄭永慶《ていえいけい》が東京の上野に「可否茶館《かひさかん》」という最初の喫茶店を開きコーヒー一杯一銭五厘で売りに出したが、わずか数年で閉鎖のやむなきにいたっている。ちなみに当時は、もりそば一杯が八厘であった。コーヒーが庶民の生活に組み込まれるのは、明治末年のことである。

新アルコール飲料のビールは、アメリカ人のウィリアム・コープランドが一八七〇年に横浜で、七二年には渋谷庄三郎が大阪で初の日本人の手になる醸造ビールを売りに出し、七六年には北海道開拓使が札幌で醸造をはじめたが、いずれも小規模であった。ビールの製造が本格化するのは明治二〇年代である。

2　文明開化とすき焼き、牛鍋

西欧文明の移入で蘇った肉文化

明治維新以降、「文明開化」のシンボルとして牛肉がとり上げられた。牛肉にはハイカラなイメージがあたえられていたが、なによりうまい食材である。しかし、ステーキがすぐに食べられたわけではなく、牛肉文化は鍋物とも焼き肉とも断じがたい日本固有の牛肉料理を生み出していった。和洋折衷というかたちをとって日本料理の枠組みに牛肉が組み替えられたのだが、それは明治時代まで、殺生を禁じる仏教により肉食が禁じられていたことと深い関わりがあった。

自然環境に恵まれ、狩猟・採集文化が長期間続いた日本では、かつてはイノシシ、シカなどの肉が当たり前のように食べられていた。ところが五五二年に仏教が伝来すると、ウシ、ウマを食べることが禁止された。七九一年には、「伊勢《いせ》、近江《おうみ》、若狭《わかさ》、越前《えちぜん》の百姓牛を殺して、漢神を祭ることを断たしむ」という禁令も出される。公的には獣肉の摂取が否定されたのである。

その後一〇〇〇年以上の歳月が流れ、牛肉を食べる試みはアメリカ人が下田《しもだ》の宿舎、玉泉寺《ぎょくせんじ》境内で牛を解体したことから再開された。日本が開国されて、神戸、横浜などの居留地に外国人が住み着くと、牛肉の需要は増加する。

日本では牛肉を調達できなかったので、外国人は最初船上でみずから牛を解体した。しかし一八六六年以降には、六甲山地の北麓《ほくろく》三田地方で肥育された牛が神戸で解体されるようになる。神戸牛である。やがて、神戸牛は横浜、東京にも送られた。

醤油文化と鍋料理にインプットされた牛肉

一八六八年に東京芝に中川という牛鍋屋が開業すると、巷《ちまた》の評判を呼んで同じような店が次々と開店することになった。その後、牛肉にネギ、豆腐、しらたきなどを加え、醤油《しょうゆ》、砂糖などで調合したタレで平鍋で煮ながら食べる「牛鍋」が、関東で大流行する。関西では、農家で使われなくなった犂先《すきさき》で肉を焼いたことから名付けられた「すき焼き」が流行《はや》った。前者は関東で、後者は関西で使われた呼び名だったが、いずれも日本的な折衷料理だった。醤油と「南蛮料理」に付き物のネギなどを加えるすき焼きは、焼き肉とも鍋とも断じがたい日本的な新料理だったのである。

仮名垣魯文《かながきろぶん》の『牛店雑談　安愚楽鍋』は、明治初期に牛鍋が民衆のあいだで大流行したことを物語っている。しかし、ハイカラな牛肉の料理法は、伝統的なシカ、イノシシ、ウマの肉を使う紅葉《もみじ》鍋、牡丹《ぼたん》鍋、桜鍋などの延長上に位置するものだった。新しい食材が、伝統的な料理法を蘇《よみがえ》らせたのである。

坂本九《さかもときゆう》が歌った「上を向いて歩こう」という歌が、アメリカで「スキヤキ」ソングとして大ヒットしたことでもわかるように、すき焼きは日本を代表する国際的な料理のひとつになった。すき焼きは、「組み替え」による日本固有の料理のひとつである。日本で多面的につくられた鍋料理に牛肉が新しく組み込まれたといえる。鍋料理には、湯豆腐、水炊き、鱈《たら》ちりなどの材料を湯炊きするちり鍋、薄味で具とともに汁も飲む寄せ鍋、濃い汁を使うすき焼きなどを基本形とする多様なヴァリエーションがある。鍋料理が日本料理の中心に座った理由としては、(1)油をあまり使わずに水を用いる、(2)調味料として醬油、味噌《みそ》を用いる、(3)具に魚介類を用いることが多い、などが考えられている。牛鍋とすき焼きは、やがて「すき焼き」という呼び名に統一されていく。明治初期の牛肉は約六〇〇グラム一六銭もし、当時の物価からするとたいへんに高価な食材だった。

ハクサイと日清戦争

牛鍋、すき焼きは、日本の伝統的な食の様式である鍋料理に、牛肉を組み込んだ料理である。そうした鍋料理に欠かせない野菜がハクサイ（白菜）である。ちょっと主題からはずれるが、ハクサイについてふれてみることにする。ハクサイはダイコンなどとともに日本の食卓に馴染み深い食材だが、その歴史は非常に浅い。日清戦争がハクサイをもたらしたともいえるのである。

ハクサイは、中国で品種改良が積み重ねられたキャベツの仲間で、東アジアのキャベツといってもよい。一説によると中央アジアから伝えられたチンゲンサイをシベリアのカブのかけ合わせ、それが黄河流域で繰り返されてハクサイが誕生したとされる。そうであるとするならば、ハクサイは黄河の水が育てた野菜ということになる。

ハクサイも最初はキャベツと同じように非結球で葉が開いていたが、経済が著しく活性化した宋代に現代のような結球種のハクサイが出現した。ハクサイは中国を代表する野菜として東アジアに広まるが、日本に入ってきたのは意外に遅く明治時代になってからのことである。

一八七五年に東京博覧会に清の山東《さんとう》ハクサイ三株が出品されたのが、日本人がハクサイに出会った最初だった。その後、日清戦争（一八九四—九五）、日露戦争（一九〇四—〇五）で、中国に出兵した日本人の農民兵士が中国で栽培されているハクサイの素晴らしさに感激し、その種を日本に持ち帰って栽培をはじめた。その後、急速にハクサイが日本の食卓に広がったという。日本の在来種である葉野菜は、ハクサイの前になす術がなかったのである。

3　日本人に愛されたカレーライス

大正時代にカレーは日本に定着

牛鍋にはじまった欧米の肉文化の受容は、牛肉のような食材の移入にはじまり、やがて欧米風の料理法のうけいれに進んでいった。その際に先頭を切ったのが、コメと組み合わせることのできるカレーライスだった。

カレーライスを日本に最初に紹介した人物は、福沢諭吉《ふくざわゆきち》とされている。一八六〇（万延《まんえん》元）年の『増訂華英通語《ぞうていかえいつうご》』にカレー（curry）という語が登場する。カレーライスはヨーロッパ経由で日本に入ったコメ料理である。一八七二（明治五）年には、早くもカレーのつくり方が紹介されている。同年に刊行された『西洋料理指南《せいようりようりしなん》』は、カレーライスの製法について、「ねぎ、しょうが、にんにくを刻み、バターで炒《いた》め、鶏《にわとり》、海老《えび》、牡蠣《かき》、赤蛙《あかがえる》などを加えて煮、カレー粉と小麦粉を加えてさらに煮る」と記している。

日清戦争後になると庶民のあいだにもカレーが流行するようになった。夏目漱石《なつめそうせき》の『三四郎』にもカレーライスが登場する。カレーライスは、西欧風の味付けが異国趣味を刺激して流行し、カレー粉の需要が増加した。カレーライスは、西欧風の味付けが異国趣味を刺激して流行し、カレー粉の需要が増加した。そうしたなかでカレー粉の国産化の気運が高まり、一九一五（大正四）年にはカレー粉の製造が開始される。

われわれに馴染み深いカレーライスが日本の食文化として定着するのは大正時代ということになるが、それはカレーとシチューを合体させたものだった。また、一九三二（昭和七）年には、具を加えるだけでカレーができる即席カレーが早くも出現する。スパイスにより肉独特の味や臭みを消すカレーライスは、日本人にとって馴染みやすかったのかもしれない。

インドの調味料カレー

カレーは、ターメリック（欝金《うこん》）を基調にコショウ、シナモン、クローブなど二〇から三〇種類のスパイスを混ぜ合わせた調味料（混合スパイス）で、香辛料の集散地インドでこそ出現が可能な固有の調味料として、東南アジア全域に広がった。インドでは、それぞれの家庭に、それぞれに調合された固有のカレーがある。カレーの語源については諸説あるが、南インドのタミル語の「(料理の）具」、「スパイス入りのソース」を意味する「カリ（kari）」とみるのが妥当であろう。

喜望峰を迂回《うかい》して南インドに到達したポルトガル人が「カリ」を料理名と誤解して、ヨーロッパに伝えたのであろう。ヨーロッパでは、調味料としてではなく料理として、カレーをうけいれたのである。わたしも、以前にスリランカのコロンボでバナナの葉の上にのせたパサパサのインディカ米と野菜の具のカレーを混ぜ合わせて手で食べた経験があるが、インドではチャパティという平らに焼いたイーストの入らないパンと一緒にカレーと混ぜ合わせた種々の食材を食べる。

カレーに黄色の色をつけ、固有の香りをつける香辛料として利用されるのが、ターメリックである。ちなみに、われわれに馴染みの深い沢庵《たくあん》の色付けも、ターメリックによってなされている。ターメリックはインドでもっとも重要な香辛料のひとつで、年産量は約三〇〇〇〇トンにもおよんでいる。インド商人がラッパ状にベンガル湾に向けて開かれているマラッカ海峡を通じて進出し、インド文明が波及した東南アジアでもターメリックの黄色は高貴な色と考えられ、香辛料として用いられるほか、化粧品、染料、魔よけなどにも用いられた。

西方世界には、波状的にインドのターメリックが伝播《でんぱ》した。インド洋交易でローマ帝国にターメリックが伝えられたのは一世紀のことで、「テラ・メェリタ（terra merita、素晴らしい大地）」と呼ばれた。東方のエキゾチックな地方からもたらされた香辛料というような意味になろうか。それが、英語の turmeric の語源である。

ヨーロッパにターメリックが入ってきたのは大航海時代以降の一六世紀で、高価な着色料のサフランの代用品として用いられた。最初にインドに進出したポルトガル人は、ターメリックを「インドのサフラン」と呼び、イタリア、スペイン、フランスなどでは、インドのサンスクリット語でサフランの原料になる「クロッカス」を意味する「kunkuma」に由来する「クルクマ（curcuma）」を用いている。

日本にも、琉球《りゅうきゅう》船などの東南アジア、中国交易を通じて漢方薬、絹や綿の着色剤として移入された。中国や日本ではターメリックを「鬱金」と呼ぶが、「鬱」は「よく茂る」、「金」は「黄色の植物」の意味である。ターメリックはショウガ科に属し、地下茎を利用する。

インドの植民地化とカレーの世界制覇

カレーは、インドの植民地化が進む時代にイギリスにもち込まれた。インド米と香辛料を持ち帰り、料理としてのカレーをヨーロッパに紹介したのは、一七五七年のプラッシーの戦いで、イギリス東インド会社がベンガル太守とフランス東インド会社軍を破り、ベンガル地方の徴税権を獲得したあとで、初代のベンガル総督になったウォレン・ヘースティング（一七三二－一八一八）だった。彼は、一七七二年に最初にカレーをイギリスに紹介している。

インドの米に、ターメリックで色をつけた調味料と野菜や肉を混ぜて煮付けた汁をかけるカレー、カレー味のスープのマリガトーニスープは評判を呼び、やがてクロス・アンド・ブラックウェル社（C&B社）が世界で最初にカレー粉を商品化した。カレーに「とろみ」を出すためにコムギ粉を入れるルー（roux）の手法は、ソースを重んじるフランス料理の手法をカレーに取り入れたものである。カレーライスは、フランスにも伝えられてリー・オー・カリー（riz au cari）と呼ばれる料理になった。

4 「初恋の味」はモンゴルから

乳酸飲料と遊牧文化

カルピスという乳酸飲料の故郷は、中央アジアの大草原である。モンゴルからトルコにいたる大草原で飲まれ、その整腸作用などが注目されている。遊牧民は、子馬がある程度育ち、馬乳が必要なくなる六月末頃から一〇月末頃にしぼられる三〇〇リットルから四〇〇リットルの馬乳を発酵させて、アルコール度数一から三パーセントの馬乳酒をつくった。製法はごくごく簡単で、革袋にしぼりたての馬乳を入れ、棒で七日から一〇日のあいだかきまぜると、革袋に付着していた乳酸菌やイースト菌の働きで発酵がおこって馬乳酒ができた。

馬乳酒は、アルコール度数が低いためにドンブリで数杯飲んでも酔うことはない。そのためもあり、モンゴル人は、ことあるごとに馬乳酒を飲んだ。モンゴル人の男性は、一日に約四リットルの馬乳酒を飲むという調査結果もある。

カルピスと大正ロマン

日本でオランダ人スネルにより牛乳の販売がなされたのは一八六二年で、一八六六年にはオランダ人から酪農を学んだ千葉県白子町《しらこまち》の出身の前田留吉が横浜で販売を開始した。開拓使により北海道の開拓がはじまると、アメリカの酪農技術を取り入れた近代的な牛乳づくりがなされるようになる。一般の農家に酪農がとり入れられるのは、第一次世界大戦の前後とされる。日本の乳製品の製造は、余った牛乳を無駄にしないという目的のもとに開始された。酪農の普及と乳製品は深いかかわりをもっていたのである。

日本ではヨーグルトが「凝乳」と呼ばれ、明治二〇年代からのこった牛乳を利用した整腸剤として販売された。一九一二（明治四五）年に東京の阪川牛乳店が売りに出した、「ケフィール」というヨーグルトのような滋養食品が有名である。

一九〇二（明治三五）年に中国に渡り、モンゴルにまで足を延ばして一九一五（大正四）年に帰国した三島海雲《みしまかいうん》は、モンゴル人の馬乳酒にヒントを得て、従来のヨーグルトとは異なる牛乳飲料「醍醐味《だいごみ》」をつくった。彼は牛乳からつくったクリームに乳酸菌を加えて製品化したが、コストがかさむために脱脂防乳からつくる粉末の脱脂粉乳の利用を思い立った。そうすれば生産コストがぐっと安くなるというわけである。

脱脂粉乳というと、第二次世界大戦後の学校給食で出されたまずいミルクを思い出すが、それに乳酸菌を加えて発酵させ、さらに砂糖を加えると味がよくなる。それまで使い道に困っていた脱脂牛乳の新たな活用法が考え出されたのである。モンゴルの馬乳を脱脂牛乳に組み替えた、日本固有の乳酸飲料の誕生であった。動物の乳を発酵させる食品が、平安時代以降久方ぶりに蘇《よみがえ》ったのである。異種文化の日本化であった。

脱臭殺菌したあとで三〇度程度に冷やした牛乳に乳酸菌を加えて約三〇時間発酵。それに糖分やカルシウムを加え、高圧で均質化してつくられた乳酸飲料は、モンゴル地方で飲まれているサルピス（熟酥《じゅくそ》、次位の味の意味）と、牛乳のカルシウムを合成して「カルピス」と名付けられた。カルピスは、第一次世界大戦が終わった翌年の一九一九年七月七日に売り出されている。

ちなみにカルピスの名付け親は、作曲家の山田《やまだ》耕筰《こうさく》と当時芝学園の校長だった渡辺海旭《わたなべかいきょく》である。カルピスは、「初恋の味」の名キャッチコピーとともに現在に引き継がれている。

5　第一次世界大戦のドイツ人捕虜が伝えたソーセージ

ドイツ人捕虜が移植したソーセージ

日本にソーセージが伝えられたのは、第一次世界大戦中だった。日本は、山東半島《さんとう》に出兵してドイツの租借地青島《チンタオ》を占領。ドイツ人捕虜四七一五人のうちの約一〇〇〇人を、一九一五（大正四）年から一九二〇（大正九）年のあいだ千葉県の習志野《ならしの》捕虜収容所に収容した。

ドイツ人捕虜と地域住民の多様な文化交流がなされ、コンデンス・ミルク、マヨネーズ、洋菓子、ワインなどの製法、ドイツ音楽が伝えられたが、もっとも有名なのはソーセージである。千葉県の習志野が「日本のソーセージ製造発祥の地」とされるのはそのためである。

習志野捕虜収容所に収容されたドイツ人のなかに偶然ソーセージの製造業者が五人もいた。いうまでもなく、ドイツは、ソーセージ文化を長年育《はぐく》んできた国である。日本人は、第一次世界大戦によりソーセージ文化を「腸詰め」として受容するチャンスを得たのである。五人の捕虜の一人、カール・ヤーンはなかでもすぐれた技術者だった。千葉市に新設された農商務省の畜産試験場は一九一八年にヤーンを主任に取り立ててソーセージの食用加工試験を行い、多くの日本人が彼からソーセージ製造の秘伝と技術を学び日本全土に伝えた。

ソーセージはウシやブタの直腸、ヒツジの小腸、ウシの盲腸などに、塩漬けあるいは湯煮して細かく切ったウシ、ブタの肉などと香辛料を詰めて、乾燥、湯煮あるいは燻製《くんせい》してつくる食品である。同年、東洋製罐《とうようせいかん》会社は日本ではじめてハム、ベーコン、ソーセージの加工をはじめた。魚の肉を使った魚肉ソーセージは、かまぼこ、竹輪《ちくわ》と同系列の練り製品であり、日本の魚食文化の組み替えとみなすことができる。

一九二二年には、明治屋が政府の勧めによってかつてのドイツ人捕虜、バン・ホーテンとヘルマン・ウォルシュケを雇い、本格的にハム、ソーセージの製造をはじめる。一九二五年には、「胃袋の宣教師」といわれたドイツ人のカール・レイモンが函館《はこだて》でハムとソーセージの本格的な製造を開始した。昭和のはじめには、日本人として最初に大木《おおき》市蔵《いちぞう》がハム・ソーセージの専門店を東京の銀座尾張町《おわりちょう》に開き注目された。

日本固有のソーセージとして、表面を赤く着色したウィンナー・ソーセージがある。このソーセージは質のよい肉を確保できなかった昭和中期に考え出されたもので、肉の発色の悪さを隠すために考えられたとされる。

肉を発酵させる知恵

腐りやすい魚や肉を保存するには、塩を使う方法と乾燥させる方法がある。たとえば日本でも、製塩がさかんに行われていた関西では魚の保存に塩が使われ、塩が少ない関東以北では干し魚にした。同じことは肉の保存にもいえ、塩が貴重な中国では干し肉がつくられ、塩が比較的豊富な地中海では塩が利用された。

ヨーロッパでは辞典の数ほどソーセージがあるといわれるが、英語のソーセージの語源はラテン語で塩を意味するサル（sal）に由来するサルサス（salsus）で、塩漬け肉の意味とされるが、雌ブタを意味するsauとハーブの一種であるsageの合成語とする説もある。セージに関しては、ブタ肉の臭みを取り除くために利用されたとされるが、シソ科のセージはサルビアのことであり、インドなどからスパイスがもたらされる前からヨーロッパでは万能の薬草として位置づけられていた。

ソーセージの本場ドイツに行ってソーセージといっても通じない。ソーセージは英語であり、ドイツ語でソーセージは、ヴルスト（Wurst）である。太く大きな「フランクフルト」も、ドイツでは「フランクフルターヴルスト（フランクフルト風ソーセージ）」となる。

ソーセージはもともとは、塩漬けのひき肉に香辛料、調味料を練り合わせ、密封性のよい動物の腸に詰めて加工した食品である。腸膜の強靭《きょうじん》さを利用する食品加工技術の発明は、長年の経験の積み重ねにより獲得された知恵の結晶であった。ソーセージの歴史は、ブタの腿《もも》肉を語源とするハムよりも古く、前八世紀に書かれたホメロスの叙事詩『オデュッセイア』には、脂身と血を詰めたヤギの胃袋が登場する。ソーセージは兵士たちの貴重な携行食だったのである。

6 日中戦争がもたらした餃子

旧正月のおめでたい食品

餃子《ぎょうざ》は、江戸時代の『清俗紀聞《しんぞくきぶん》』（一七九九年刊行）などに記載があるが、日本ではほとんど普及していなかった。昭和の初期まで東京の中華料理店で餃子を出す店は皆無だったという。現在日本の家庭に浸透している餃子が日本の食卓に組み込まれたのは、日中戦争、第二次世界大戦後であったとされる。苦渋に満ちた日中戦争が餃子を日本にもたらしたのである。つまり敗戦により旧「満州」などから引き揚げた人びとが、中国の一般家庭で普通に食べられていた餃子を日本全国に伝え、二、三年で爆発的に浸透したという。不幸なかたちでなされた食文化の交流といえる。ギョウザという発音は、「満州」に多い山東音の日本訛《なま》りだという。ギョウザも、時には、悲惨な体験を語りつぐよすがになりうる。戦争も、壮大な文化交流を伴うのである。

餃子もワンタンも薄く延ばしたコムギ粉の皮で具を包み、蒸すか煮るかして食べる中国に古くからある伝統料理である。日本では両方が食べられているが、中国では南部のワンタン、北部の餃子というように、地域での住み分けがなされている。

餃子《ギャオズ》は、現在の中国では旧暦の大晦日《おおみそか》の年越しのときに必ず食べられるおめでたい料理である。発音が交子《ギャオズ》と同様なので子宝に恵まれる縁起のいい食べ物とされる。かたちが半月形につくられることが多いが、それは元宝銀《げんぽうぎん》、馬蹄銀《ばていぎん》などの銀のインゴッドをかたどったもので、「お金」に恵まれますようにという意味がこめられている。

中国では明代以前には、餃子という呼び名はなかった。晋・唐代には「牢丸」。宋代にはそのかたちから「粉角」「角児」「角子」などと呼ばれた。一九七〇年代にトルファン盆地のアスターナの唐代遺跡から餃子の実物が出土している。

ちなみに「牢丸」の「牢」は家畜小屋あるいは牢獄《ろうごく》、「丸」は、肉餡《にくあん》のことであり、全体としてはコムギ粉の皮で肉団子を包んだ食べ物ということになる。現在では、水《すい》(茹《ゆ》で)餃子、蒸し餃子、焼き餃子の三種類のつくり方があり、餃子の種類は一〇〇以上におよぶ。

日本に餃子が伝えられたのは江戸時代中期だったが、先に述べたようにあまり普及しなかった。中国の伝統料理が日本に定着したのは、きわめて新しいのである。

ワンタンはなぜ「雲呑」なのか

北部の餃子に対し、南部ではワンタンが点心として日常的に食べられた。ワンタンのかたちは多様である。北部の伝統を固守する餃子に対し、南部のワンタンはかたちだけを活かして変幻自在に姿を変えたのである。

ワンタンは、広東語で「雲呑」と書かれる。その意味を探ってみると面白い。「雲呑」は長期間続いた強力な官僚社会を支える「科挙」という苛酷《かこく》な試験制度と密接な関係がある。役人社会が料理に大きな影響を与えたのである。

伝統的に中国には「国家」という考えはなく、社会は「天下」すなわち世界と考えられていた。多民族からなる世界が、秦帝国以降、漢字で書かれる文書と膨大な数の官僚により二〇〇〇年ものあいだ維持されてきたのは驚くばかりだが、なかでも前漢の武帝(位前一四一―前八七)の時代に国学とされた儒学が果たした役割が大きかった。漢字と文書とハンコと儒学が、言語を異にする多くの人びとの統治を可能にしたのである。

宋代になると官僚登用制度の「科挙」が整い、三年に一度地方で実施される「州試」、中央の礼部(日本でいえば文部科学省)が行う「省試」という中央試験、皇帝が試験官となる「殿試」の三段階から成っていた。科挙では「州試」を突破するのが一大難関で、多くの受験生は、この段階ではねられた。一度受験に失敗すれば三年間待たねばならず、試験でアガらないようにと受験生も親も大変だった。

広東のワンタンを「雲呑」と書くのは、「科挙」の受験生がアガらず、気力を増すための料理になるようにと「雲を呑む」という途方もない料理名がつけられた。都で行われる科挙の中央試験はさらに苛酷で、貢院という受験場に寝具、食料を持参して三〇時間以上にわたり試験を受け続けなければならなかったのである。

試験問題は、儒学の経典の欠けている一部の漢字を補う丸暗記の問題だったので、官僚を志す者は六歳頃から学びはじめ、四三万字におよぶ経典、それに倍する注釈書、歴史書などの暗記に努めなければならなかった。現在の受験勉強などの比でなかったのである。

ワンタンという料理名と強固な官僚社会とは、「風が吹けば桶屋が儲《もう》かる」的につながっているのである。

7　アメリカ軍が普及させたサラダとレタス

メキシコ発のシーザー・サラダ

日本には、野菜を組み合わせて「生」で食べるという習慣はあまり根づかなかった。日本人がサラダとして野菜を大量に食べるようになるのは、戦後日本を軍事占領したアメリカ軍とアメリカ人の影響である。

一九四九（昭和二四）年一二月二四日に当時GHQの宿舎として接収されていた帝国ホテルのクリスマス・イヴのパーティで、レタスなどの生野菜の上にホワイト・ドレッシングをかけ、パルメザンチーズとクルトンをトッピングしたシーザー・サラダが出されたのが公の席でサラダが登場した最初とされる。

シーザー・サラダというと古代ローマの英傑ジュリアス・シーザ（ユリウス・カエサル）が連想されるが、じつは両者は無関係である。シーザー・サラダは、禁酒法時代にハリウッドの人達が酒を飲むために出かけたメキシコの国境の町ティファナのイタリア人の料理人シーザー・カルディーニーがあり合わせの食材でつくった簡単な料理である。やがてこの料理は簡単であるがゆえにティファナの名物料理となり、アメリカ人観光客によりアメリカに広められた。シーザー・サラダは、一九二〇年代に禁酒法下のアメリカで広まったのである。禁酒法がとりもつ縁でアメリカに広がったメキシコの簡単な料理だといえる。

サラダ（英語でsalad、仏語でサラドsalade）は、ラテン語で塩を意味するサル（sal）に由来する。古代ローマでは、新鮮な生野菜に塩を振りかけて苦みを和らげながら食べた。塩で野菜を食べやすくするローマの習慣は、アルプス北部の西ヨーロッパ、次いでアメリカに引き継がれたことになる。

ちなみにサラダというと、マヨネーズ、ドレッシングが連想される。最近は多様なドレッシングが使われるようになったが、ドレッシングは一九〇〇年にアメリカでフレンチ・ドレッシングとして使われはじめ、その後多様化したもので、フランスにはドレッシングという言葉はなく、いろいろな呼び名のソースが用いられている。フランス語のソースの語源は、やはりラテン語で塩を表すsal、その俗語のsalaであり、塩が基本的な調味料になっている点は同じである。

催淫薬だったレタス

サラダ文化が浸透するなかで、アメリカ人好みのサラダ野菜のレタスが、すでに日本に普及していたキャベツを駆逐する勢いで流行することになった。レタスも、日本の食卓では新参者である。

ところで意外なことに、大部分が水分で苦味を含むレタスは、西アジアと地中海沿岸の原産のキク科の植物である。キクの仲間なのである。そういえばレタスは、小さいキクのような花をつける。

レタスは、紀元前六世紀に古代「オリエント」を統一したアケメネス朝ペルシアの王の食卓に供されていたともいわれる古くからの食材である。古代ギリシアでは茎が食用になる野菜は、「アスパラガス」と総称され、その代表格がレタスだった。

レタスはギリシア、ローマを代表する野菜だったが、その陰茎状の茎は媚薬《びやく》として用いられた。ギリシア神話には、プレイ・ボーイに大変身した老人の話がある。レスボス島の老渡《わた》し守《もり》パオンが、「美の神アフロディテ」を小アジアに渡した際に、アフロディテは渡し賃を固辞するパオンを美青年に変身させた。その後、あまりの美貌《びぼう》でパオンは多くの女性を惑わすことになる。女流詩人のサッフォーも彼に心引かれたが、パオンはそれを拒み、サッフォーによりレウカスの断崖《だんがい》から海へと突き落とされてしまう。アフロディテは、命を落としたパオンをレタスに変えたと言い伝えられている。苦味をもつレタスは、媚薬、催淫薬《さいいんやく》とされたのである。ちなみに、パオンへの思いをとげられなかったサッフォーが投身自殺したという話もある。

英語のレタス（lettuce）の語源は、ラテン語の「ミルク状の液を出す」ことから呼ばれたlactuca（lac は乳の意味）である。レタスは、茎や葉を切ると乳状の液が出ることにより、その名がつけられた。ちなみに日本ではレタスを「ちしゃ」と呼んだが、語源は「乳草」であるとされヨーロッパと同じ発想である。ちしゃの実を煎《せん》じて飲むと、初産の婦人の乳のしこりを取り除く薬効があるとされていた。

レタスには結球するものとしないものがあるが、後者は中国を経由してすでに奈良時代には日本に伝えられていた。しかし、結球するレタスは幕末にアメリカから伝えられ、第二次世界大戦後に日本を占領したアメリカ軍の需要に応じるかたちで栽培が広がった。

アメリカ人は、シャキッとしたレタスが大好きなようである。そういえばジェームス・ディーンが主演した映画「エデンの東」には、鮮度を保つために氷で冷やしたレタスを貨車に満載して東部に輸送するシーンがあった。

8　ハンバーグと世界化する「ハンバーガー」

肉食は焼き肉とハンバーグから

最近の日本人は、長年慣れ親しんできた魚食文化から遠ざかり、肉食文化に移行しつつある。若者のあいだには、深く肉食文化が浸透するようになった。肉が食卓を制覇するのは、第二次世界大戦後、もっと正確にいうと一九七〇年代以降である。しかしステーキが食べられるようになるのは最近のことであり、日本人の食に劇的な変化を起こしたのはまず在日朝鮮人・韓国人がはじめた焼き肉であり、次いでアメリカから伝来したハンバーグだった。

肉そのものが日本の「食」文化に受容されていく過程でまず大きな役割を果たしたのが、在日朝鮮人・韓国人によりはじめられた焼き肉だった。ウシやブタの小さな肉片や内臓を炭火で焼いてゴマだれなど多様なたれをつけて食べる焼き肉はコメ食にも合い、抵抗感なく日本の「食」文化に組み込まれた。異質な「肉食」文化を取り入れた先輩民族の知恵がもとから焼き肉にはつまっていたからである。日本の朝鮮に対する植民地支配の時代に、多くの朝鮮の人びとが日本への移住を余儀なくされたことは不幸な出来事だったが、日本の「食」文化は肉食を受容していた在日朝鮮人・韓国人が普及させた焼き肉文化を媒介にして肉食文化に接近できたのである。朝鮮・韓国と日本の食を組み合わせることのできる在日朝鮮人から、焼き肉がはじまったのは理にかなっている。朝鮮に肉食文化が入ったのは、モンゴル人の元朝に征服された高麗《こうらい》の時代だった。日本で最初の焼き肉店は、一九四六年に営業をはじめた新宿の明月館《めいげつかん》とされている。

ステーキはまだまだ高嶺《たかね》の花であり、肉そのものにも違和感をもっていた高度経済成長期の主婦が食卓にのせたのが、伝統的な魚の練り物にかたちが似ており、比較的値段の安い庶民的なハンバーグだった。ハンバーグが、肉の料理法として選ばれたのである。

一九七〇年代には、ハンバーグのレトルト食品化、ファミリーレストラン、給食などを通じて、日本の料理にどこか食感が似ているハンバーグが若い年代層に広がっていった。ハンバーグは家庭の食卓に取り込まれて肉食文化受容の先頭に立ったのである。ハンバーグのあとにステーキ文化がくることになる。

世界化するハンバーガー

ハンバーグの浸透に一役買ったのが、ファーストフード店で販売されたハンバーガーだった。ハンバーガーは、「バンズ」と呼ばれる小型のパンでハンバーグを挟むもので、サンドウィッチの一種とみなすことができる。

有名な話だが、「サンドウィッチ」は一八世紀中頃、大のトランプ好きだったサンドウィッチ伯爵モンターギュ（一七一八―九二）がロンドンのクラブでトランプに興じ、召し使いにつくらせたコールド・ミートを挟み込んだ薄いパンを食べながらゲームに打ち興じたことから生まれたといわれる。「サンドウィッチ」はやがてドイツで流行し、一般の家庭に浸透するようになった。それが、「ハンバーガー」の原形になる。

ところで、このサンドウィッチ伯爵は三〇歳で海軍大臣となり、アメリカ独立戦争（一七七五―八三）のときに海軍を率いて植民地に赴いて戦ったというから皮肉なめぐりあわせである。

次は、中に挟み込む具のハンバーグである。「ハンバーグ・ステーキ」のもとになったのは、モンゴル高原の「タルタル・ステーキ」である。「タルタル」の由来は、ギリシア神話の地獄「タルタロス」を語源とする「タルタル人」とされる。「タルタル人」は、一三―一四世紀にユーラシアの東西にまたがる巨大帝国を築き上げたモンゴル人のことで、ヨーロッパの人びとが、彼らを恐れてこのように命名したのである。モンゴル人は、野草を食べたウマの固い肉を細かく切りヒツジの腸に入れて鞍の下に置き、柔らかくしてから食べる習慣があった。生活の知恵である。そうした生肉の食べ方は、モンゴル人が約二〇〇年間支配したロシアに伝えられて、ステーキ状の生肉となった。そうした料理法がバルト海を経由してドイツに伝えられたのである。

硬い牛肉を食べていたドイツ人は、ロシアから肉を細かく刻み焼いて料理する方法を学んだ。その料理は港町ハンブルクで流行し、「ハンブルク・ステーキ」と名付けられる。一八五〇年代になるとハンブルク港からアメリカに移住したドイツ移民がハンブルクのステーキのつくり方をアメリカに伝え、アメリカで「ハンバーグ」「ハンバーガー」と呼ばれるようになった。一九〇四年のセントルイス万国博覧会では、「ハンブルク・ステーキ」が「バンズ」に挟まれて売り出されている。

「ハンバーガー」がアメリカを代表する食品になったのは、いまから半世紀前のことである。リチャードとモーリスのマクドナルド兄弟が一九四八年にロサンゼルス郊外に「マック・シェイク（ミルクセーキ）」のドライブインを開き大繁盛した。彼らは、メニューを限定して、流れ作業による大量販売でコストの低下をはかり、「ハンバーガー」の価格を一五セントにおさえて大成功した。

一九五五年になると、ミルク・シェイク・ミキサーのセールスマンのレイ・クロックが事業権を買い取ってシカゴ郊外に一号店を開き、「ハンバーガー」の品質の均等化、清潔化で成功し、チェーン店はアメリカからカナダ、日本などにまでおよぶことになった。日本にマクドナルドの一号店が開かれるのは、一九七〇年代のことである。八〇年代末からマクドナルドは世界規模で急成長を遂げ、現在は世界中で店舗を展開し、毎日四〇〇〇万人が利用する「世界商品」になっている。

コカ・コーラと清涼飲料水という新文化

二〇世紀アメリカがつくり出した清涼飲料「コカ・コーラ」と「ペプシコーラ」は、大恐慌で世界中が揺れ動いた一九三〇年代に世界的な飲料となり、第二次大戦後に世界中に広まった。日本に入ってきたのは一九五〇年代末であるが、たくみな宣伝もあって若者のあいだに浸透し、清涼飲料水を生活のなかに溶け込ませた。いまや清涼飲料水は、日常生活にすっかりとけこんでいる。しかし、この清涼飲料の誕生は意外に古い。

一八八六年、アトランタの薬剤師がキャラメル色をしたシロップを試作している過程で偶然できあがった飲料が「コカ・コーラ」であり、一八九八年、ノースカロライナ州の薬剤師が胃腸薬の調合中に偶然できたのが「ペプシコーラ」だったという。両者はともに、最初はローカルな飲み物だったが、いずれも実業家が特許を買い取って販売網をつくり、猛烈な宣伝で全米に広めたという共通点がある。「コカ・コーラ」の名は、中南米のコカの実とアフリカのコーラの実を結合させてつけられているが、ともに滋養強壮の働きをもつ実である。

「コカ・コーラ」は、最初に店頭でグラス売りされていたが、その噂《うわさ》を聞いた二人の弁護士が瓶詰めにして売り出したいと考え、一八九九年に一ドルで契約してテネシー州に最初のボトリング工場をつくった。地域ごとに瓶詰め工場をつくり、販売も委《ゆだ》ねるというボトラーシステムが開始されたのである。

「コカ・コーラ社」は、一九二八年のオリンピック、アムステルダム大会からオリンピックのサポートと宣伝に乗り出し、ハリウッド映画のスターを宣伝に動員して世界戦略に乗り出した。一九三〇年には、世界三〇か国に工場ができるにいたっている。現在では、ほとんどの国に進出し、「コカ・コーラ社」が販売網をもたない国はわずか数か国にすぎない状況になっている。

9　食卓とドラえもんのポケット

家族を変えた冷蔵庫と電子レンジ

最後に、簡単に現在の「食」の問題にふれておきたい。一九七〇年以降、日本の「食」はグローバリゼーションの進行と地球規模のコールド・チェーンにより世界化した。一挙に「飽食の時代」に入ったのである。

それまで長い時間をかけた組み替えにより、世界各地の食材と料理を慎重に同化してきた日本の「食」文化も嵐のような変化の過程に入った。食卓には世界各地の食材、調味料、香辛料、料理法が浸透し、大都市には日本化した味の中華料理、韓国料理、インド料理、フランス料理、イタリア料理などのレストラン、アメリカ風のファーストフード店があふれている。「食」文化がいまだかつてなかったような、グローバリゼーションによる大転換期に差しかかっていることは事実である。

そうした劇的変化をもたらしたのが、食品の冷凍・冷蔵技術の著しい進歩、インターネットなどによる情報革命、コンテナ輸送などの輸送革命だった。しかし、多種多様な技術が複合した現在のシステムは、便利なだけではない。便利さと同時に多くのマイナス点を食卓は抱え込んだ。豊かな自然に囲まれ、長いあいだ組み替えを重ねて独自の食文化をつくり上げてきた日本の「食」文化が、コールド・チェーンがもたらす外来食材と外来の料理法の大津波に襲われているのである。

地球規模のコールド・チェーンとつながる家庭の端末が冷蔵庫であり、電子レンジである。冷蔵庫からは「ドラえもんのポケット」のように次から次へと食材が出てくる。また、冷蔵、冷凍食品が普及すると、食品の低温保存とともに短時間での解凍が不可欠になる。膨大な量の食材の流通は、大部分の食材を保存剤、着色剤、香料などを加えた工業製品とし、カレー粉や「スープのもと」などの半製品を増加させ、すでに調理された食材も家庭に浸透するようになった。

そうしたことから解凍機能を併せもつ電子レンジが冷蔵庫とともに家庭の必需品に変わった。両者は、地球規模で循環する冷蔵、冷凍食品ネットワークの端末なのである。

電子レンジは、火が出す赤外線の代わりに電磁波を利用した加熱器であり、パリパリ感のような微妙な食感をつくり出すことはできない。ただ、パックされた料理を電子レンジに二分か三分入れるだけでよいから、台所を汚さない。パックされた調理ずみ食品は多彩であり、いつでも好きなときに個人個人で食事ができるようになった。しかし、簡単になったことがすべてよいというわけではない。

かつての火を使う調理はたいへんに手間がかかり、食卓を中心に家族という共同社会を生み育ててきた。調理と食卓が一連のプロセスとして結びついていたのである。つまり家族が協力して調理し、ともに食べたのである。「同じ釜《かま》の飯を食う」という言葉があるように、共食が家族の結びつきと信頼感を育ててきたといえる。

ところが、便利な電子レンジは調理という共同作業を衰退させ、孤食を可能にした。電子レンジに頼りすぎる食卓は人間を孤立化させ、人類が育ててきた食文化を徐々に掘りくずしているように思える。道具の長所と短所を総合的に判断したうえで、生活に取り込むことが必要なように思われる。

冷蔵庫が君臨する時代の危うさ

冷蔵庫は、地球規模で冷凍、冷蔵食品を搬送するネットワーク（コールド・チェーン）の端末として「飽食の時代」を支えている。たしかにコールド・チェーンはたいへんに便利だが、食材の長期保存がきくところから食の資源の乱開発につながって、地球環境に巨大な負荷を課すことになった。

いまや地球上には二百数十の百万都市が存在し、六十数億人の世界人口の六割が都市で生活する時代に入っている。都市の貪欲《どんよく》な胃袋を満たすための自然資源の乱獲、人工肥料を大量に使った農作物の大量生産がなされ、遺伝子組み換えによる食材の生産も普及してきている。そうしたなかで日本のカロリーベースの自給率は約四〇パーセントで、全面的にコールド・チェーンに依存している。有事で食糧供給の歯車が狂ったときのことを考えると、慄然《りつぜん》とする。本当にこれでよいのだろうか。

たとえば、日本の農水省は、二〇〇八年時点で国内生産の食材のみで、一日一人二〇二〇カロリーを確保するための献立を試算している。それによると、食事の基本メニューは次のようになる。

朝食――ご飯を茶碗に軽く一杯（精米七五グラム）と粉吹き芋一皿（ジャガイモ二個）、

漬け物（野菜九〇グラムの糠漬《ぬかづ》け）
昼食――焼き芋二本（サツマイモ二〇〇グラム）とリンゴ四分の一、蒸しジャガイモ一個（一五〇グラム）
夕食――ご飯を茶碗に軽く一杯と焼き芋一本（サツマイモ一〇〇グラム）、焼き魚一切れ（魚の切り身八四グラム）

九日に一回　肉類（一日あたり一二グラム）、七日に一個の鶏卵、六日にコップ一杯の牛乳、三日に納豆二パック、二日に一杯のみそ汁、二日に一杯のうどん（一日あたり小麦五三グラム）

痩《や》せ細った日本の農業、水産業、畜産業の現実が如実に映し出されている。わたしたち日本の食卓は、全面的にコールド・チェーンに依存するなかで、利便性と惰弱《だじゃく》性をともに強めていることが理解される必要がある。大停電が続くようなことがあると冷蔵庫の食材の腐敗が進み、食卓が危機に瀕《ひん》するであろうことはわかりやすいが、いつまでも安定した国際経済が維持されるとは断言できない。多面的、多角的な「食」の検討が必要になる。

二〇〇八年のサブプライムローンの破綻《はたん》をきっかけとする証券バブルの崩壊などを目

にすると、不可測の理由で起こる危機も視野にいれた食卓の設計が不可欠であることを痛感する。冷蔵庫がコールド・チェーンの端末の食料保存庫になっていることに留意し、生活者みずからが多様な条件変化への対処法を日常的に検討し、安定した食卓を維持する方法を考えておくことが大切になろう。

食材を単純に価格が安い、高いだけでの基準で判断するのではなく、食材のつくられ方を考慮に入れた複雑な「食」のシステムをイメージすることが大切になる。「地産地消」（地域生産・地域消費）も、そうした対処法のひとつになろう。食卓は農業、水産業、畜産業に直結し、食卓が農業、水産業、畜産業を育てるのである。

現在は地球を覆う巨大なシステムがわたしたちの食卓を直接支配する時代がかかえるリスクを、あらかじめ考慮に入れた複雑なシステムづくりが求められていると思う。グローバリゼーションが内包するリスクは巨大なものがある。リスクとは「海図」のない航海の意味であり、あらかじめ予見できない事態の展開が内包されていることを指している。

参考文献

阿部孤柳・辻重光『とうふの本』柴田書店 一九七四
安達 巌『たべもの伝来史 縄文から現代まで』柴田書店 一九七五
安達 巌『日本型食生活の歴史』新泉社 二〇〇四
栄西／古田紹欽訳注『喫茶養生記』講談社学術文庫 二〇〇〇
江後迪子『南蛮から来た食文化』弦書房 二〇〇四
江後迪子『信長のおもてなし 中世食べもの百科』吉川弘文館 歴史文化ライブラリー 二〇〇七
大石圭一『昆布の道』第一書房 一九八七
大久保洋子『江戸のファーストフード 町人の食卓、将軍の食卓』講談社選書メチエ 一九九八
小野重和『和風たべもの事典 来し方ゆく末』農山漁村文化協会 一九九二
熊倉功夫・石毛直道編『外来の食の文化』ドメス出版 一九八八
熊倉功夫『茶の湯の歴史 千利休まで』朝日選書 一九九〇
熊倉功夫『日本料理の歴史』吉川弘文館 歴史文化ライブラリー 二〇〇七
木宮泰彦『日華文化交流史』富山房 一九五五
酒井シヅ『病が語る日本史』講談社学術文庫 二〇〇八
桜井秀・足立勇『日本食物史 上』雄山閣出版 一九九四
篠田統『中国食物史』柴田書店 一九七四

清水桂一編『たべもの語源辞典』東京堂出版　一九八〇
鳥居本幸代『精進料理と日本人』春秋社　二〇〇六
筒井紘一『懐石の研究　わび茶の食礼』淡交社　二〇〇二
長崎福三『肉食文化と魚食文化　日本列島に千年住みつづけられるために』農山漁村文化協会　一九九四
長崎福三『江戸前の味』成山堂書店　二〇〇〇
原田信男『江戸の料理史　料理本と料理文化』中公新書　一九八九
原田信男『和食と日本文化　日本料理の社会史』小学館　二〇〇五
樋口清之『日本食物史　食生活の歴史』柴田書店　一九六〇
平野雅章『日本の食文化』中公文庫　一九九一
宮崎正勝『知っておきたい「食」の世界史』角川ソフィア文庫　二〇〇六
宮本常一『塩の道』講談社学術文庫　一九八五
村岡　実『日本人と西洋食』春秋社　一九八四
本山荻舟『飲食事典』平凡社　一九五八
柳田聖山『禅と日本文化』講談社学術文庫　一九八五
山崎正和『室町記』朝日新聞社　一九七四
渡辺信一郎『江戸の庶民が拓いた食文化』三樹書房　一九九六
渡辺善次郎『巨大都市江戸が和食をつくった』農山漁村文化協会　一九八八
渡辺　誠『目からウロコの縄文文化　日本文化の基層を探る』ブックショップマイタウン　二〇〇八

＊本稿は、文庫書き下ろしです。

知《し》っておきたい「食《しょく》」の日本史《にほんし》

宮崎正勝《みやざきまさかつ》

平成21年 8月25日　初版発行
令和5年 7月10日　14版発行

発行者●山下直久

発行●株式会社KADOKAWA
〒102-8177　東京都千代田区富士見2-13-3
電話　0570-002-301（ナビダイヤル）

角川文庫 15854

印刷所●株式会社KADOKAWA
製本所●株式会社KADOKAWA

表紙画●和田三造

●お問い合わせ
https://www.kadokawa.co.jp/（「お問い合わせ」へお進みください）
※内容によっては、お答えできない場合があります。
※サポートは日本国内のみとさせていただきます。
※Japanese text only

ISBN978-4-04-406412-9　C0121

◆◇◇

角川文庫発刊に際して

角川源義

第二次世界大戦の敗北は、軍事力の敗北であった以上に、私たちの若い文化力の敗退であった。私たちの文化が戦争に対して如何に無力であり、単なるあだ花に過ぎなかったかを、私たちは身を以て体験し痛感した。西洋近代文化の摂取にとって、明治以後八十年の歳月は決して短かすぎたとは言えない。にもかかわらず、近代文化の伝統を確立し、自由な批判と柔軟な良識に富む文化層として自らを形成することに私たちは失敗して来た。そしてこれは、各層への文化の普及滲透を任務とする出版人の責任でもあった。

一九四五年以来、私たちは再び振出しに戻り、第一歩から踏み出すことを余儀なくされた。これは大きな不幸ではあるが、反面、これまでの混沌・未熟・歪曲の中にあった我が国の文化に秩序と確たる基礎を齎らすためには絶好の機会でもある。角川書店は、このような祖国の文化的危機にあたり、微力をも顧みず再建の礎石たるべき抱負と決意とをもって出発したが、ここに創立以来の念願を果すべく角川文庫を発刊する。これまで刊行されたあらゆる全集叢書文庫類の長所と短所とを検討し、古今東西の不朽の典籍を、良心的編集のもとに、廉価に、そして書架にふさわしい美本として、多くのひとびとに提供しようとする。しかし私たちは徒らに百科全書的な知識のジレッタントを作ることを目的とせず、あくまで祖国の文化に秩序と再建への道を示し、この文庫を角川書店の栄ある事業として、今後永久に継続発展せしめ、学芸と教養との殿堂として大成せんことを期したい。多くの読書子の愛情ある忠言と支持とによって、この希望と抱負とを完遂せしめられんことを願う。

一九四九年五月三日